MANUAL DE AVALIAÇÃO DOS RESULTADOS EM TREINAMENTO E DESENVOLVIMENTO

Milioni

MANUAL DE AVALIAÇÃO DOS RESULTADOS EM TREINAMENTO E DESENVOLVIMENTO

QUALITYMARK

Direção Editorial	Produção Editorial
SAIDUL RAHMAN MAHOMED	EQUIPE QUALITYMARK

Capa	Editoração Eletrônica
EQUIPE QUALITYMARK	APED - Apoio e Produção Ltda.

CIP-Brasil. Catalogação-na-fonte
Sindicato Nacional dos Editores de Livros, RJ

M558m

Milioni, B. (Benedito)
Manual de avaliação dos resultados em treinamento e desenvolvimento / Benedito Milioni. - Rio de Janeiro : Qualitymark Editora, 2012.
184p. : 21 cm

Apêndice

Inclui bibliografia
ISBN 978-85-414-0019-0

1. Pessoal - Treinamento. 2. Recursos humanos. 3. Administração de pessoal. I. Título.

12-3684. CDD: 658.3
CDU: 005.95/.96

05.06.12 14.06.12 036057

2012
IMPRESSO NO BRASIL

Qualitymark Editora Ltda.
Rua Teixeira Júnior, 441 - São Cristovão
20921-405 - Rio de Janeiro - RJ
Tel. : (21) 3295-9800 ou 3094-8400

QualityPhone:0800-02636311
www.qualitymark.com.br
E-mail: quality@qualitymark.com.br
Fax: (21) 3295-9824

In memoriam
Ricardo de Almeida Prado Xavier

Dedico este Manual, na presente edição,
finalizada em agosto de 2011,
a Lisbeth Resende Paulinelli Sebba, profissional ética e séria, mãe
exemplar e mulher extraordinária.

Sumário

MANUAL DE AVALIAÇÃO DE RESULTADOS EM T&D

CARTA PARA O LEITOR

Este Manual é um esforço não definitivo para ajudar a preencher uma lacuna na tecnologia de Treinamento e Desenvolvimento de Pessoal: a falta de critérios e de instrumentos para nortear o processo de avaliação de resultados dos investimentos efetuados em Treinamento e Desenvolvimento.

Esforço não definitivo, porque não tive a pretensão de considerar a obra como finalizada, assim como uma espécie de "divisor de águas" entre dois momentos: o que antecede e o que sucede a obra em si. Há muita melhoria a ser nele incluída, assim como há permanente necessidade de questionamentos.

Após quarenta e um anos de erros e acertos, mas sempre tentando gerar soluções, enquanto profissional da área de educação empresarial, consolidei neste Manual o resultado do meu aprendizado, assim como do aprendizado de inúmeros colegas, especialmente gentis em partilhar suas experiências e descobertas.

Certamente, o Manual não conseguirá fornecer todas as respostas. Muito menos será capaz de sintonizar-se com todo o espectro de necessidades e desafios que existem no universo das práticas educacionais no âmbito empresarial. Nada de errado nisso; é, apenas, um exercício elementar de humildade.

De fato, se o Manual ajudá-lo, caro(a) colega, a fazer algo melhor, muito melhor, ou, pelo menos, auxiliá-lo(a) a diminuir suas dúvidas a respeito do que pode ser feito para avaliar os programas de T&D, ele terá cumprido sua missão.

Agradeço a sua confiança, e quero compartilhar com você a satisfação de ter dado uma contribuição. Que ela nos ajude a valorizar mais ainda os profissionais de Treinamento e Desenvolvimento de Talentos Humanos!

Benedito Milioni
Agosto de 2011

INTRODUÇÃO

AVALIAÇÃO DE RESULTADOS: UM "PEQUENO" DETALHE ESQUECIDO

A cultura de gestão de RH no Brasil não concedeu o devido espaço para as práticas de avaliação de resultados dos investimentos em T&D. Isso, dentre outras razões menores, porque a cultura resultante da Lei 6.297, de 15 de dezembro de 1975, revogada pelo Plano Collor em março de 1990, a qual incentivava os investimentos em projetos de formação profissional, permitindo sua dedução em dobro no imposto de renda devido, não enfatizava a ênfase em resultados. Projetos de execução complexos e muito dinheiro envolvido, tudo isso combinado com a falta de tempo para as fases de acompanhamento pós-treinamento, desviaram a atenção de toda uma geração de profissionais de T&D – exatamente a que implantava a cultura de T&D no Brasil, para muitos números de execução e não para os devidos números de resultados.

Ainda há multa polêmica a respeito, mas não cabe aqui sua discussão, porque nada poderia acrescentar à proposta do Manual. O fato é: pouco ou nada se fez em termos de avaliar resultados em T&D, até que os primeiros efeitos da modernização da economia se fizeram sentir: ênfase na relação custo/benefício, cortes brutais de custos, redirecionamento de capitais para as atividades geradoras de receitas, enxugamento de quadros (incluindo os de RH!) e muito, mas muito questionamento mesmo sobre os recursos gastos em treinamento.

MITOS E CRENDICES SOBRE A AVALIAÇÃO DE RESULTADOS DOS PROGRAMAS DE TREINAMENTO E DESENVOLVIMENTO

Você acredita em mula-sem-cabeça ou que o boto do rio Amazonas anda engravidando as desavisadas donzelas das suas margens? Tem muita gente que não só acredita, como tem muitas histórias a contar a respeito, geralmente acontecidas com um tio há muito falecido, e querem que partilhemos dos seus medos atávicos!

Os mitos e as crendices são muito engraçados! Em meus tempos de estudante secundarista, no saudoso colégio São Bento, do Rio de Janeiro, correu um boato que "no banheiro do pátio, lá pelas três da tarde, aparecia uma loura sem cabeça". Foi o suficiente para a molecada evitar o desditoso banheiro e fazer o seu pipi em outro, lamentavelmente muito perto da sala onde se homiziava o Inspetor de Disciplina (como fumar o proibido cigarrinho e partilhar aquelas revistinhas, inocentes revistinhas menos pornográficas que as das bancas de jornais de hoje). Meses escorreram e a frequência naquele banheiro caía a zero após o meio-dia, até que um daqueles moleques, talvez ligando o primeiro neurônio que pensasse, bradou a plenos pulmões: "Droga! Como é que sabem que o negócio que aparece lá é uma loura sem cabeça, já que NÃO TEM CABEÇA?"

Mitos e crendices. Inocentes mentiras, com efeito devastador!

E na área de Treinamento e Desenvolvimento de Talentos Humanos?

Nela pululam os mitos e as crendices, sem o menor sentido, mas suficientes para toldar as percepções e inibir a inteligência, especialmente no que se refere às práticas de avaliação dos resultados dos investimentos efetuados. E, é claro, com os efeitos devastadores na legitimação e reconhecimento do valor dos seus profissionais e contribuições. Embora não se saiba a fonte criadora desses mitos e crendices, o que realmente não tem o menor valor, vale a pena alinhar alguns, de modo que se desnude o principal responsável pela falta de uma tecnologia completa a respeito da avaliação de resultados em T&D.

A seguir, alguns mitos e crendices para sua reflexão.

- Apenas o treinamento técnico-operacional pode ter seus resultados medidos, em face de sua natureza racional.
- Treinamento comportamental não oferece base para que sejam medidos os resultados. É muito carregado de abstrações e conteúdos subjetivos!
- Não há tecnologia para dar suporte às ações de avaliação!
- Não há tempo para que se faça a avaliação de resultados!
- Medir resultados de educação é coisa de tecnocrata ensandecido!
- O treinamento em si, qualquer treinamento, sempre dá resultados, mesmo que estes jamais sejam medidos!
- Não temos gente para fazer a avaliação de resultados! Muito mal conseguimos "tocar" a rotina da área, como é que podemos ainda sair em campo para pesquisar resultados!
- Ninguém dá valor mesmo ao treinamento! Diretores e gerentes lá da empresa estão mais preocupados é com as coisas mais diretas, como reduzir custos e achar meios para manter a empresa viva!

Podemos reagrupar esses mitos, para melhor entendê-los e removê-los definitivamente da cultura de gestão de T&D no Brasil:

Mitos de discurso

a) É muito difícil avaliar resultados em T&D!

Palavras normalmente ouvidas de quem tem pouco preparo ou muita preguiça para enfrentar o desafio de se avaliar resultados.

b) Não se pode avaliar resultados dos programas comportamentais!

Pode sim! Desde que se saiba exatamente qual é o objetivo e seus indicadores, é possível (trabalhoso, mas possível), avaliar resultados deste tipo de treinamento.

c) Treinamento é educação, é um investimento na essência do ser humano.

Não está errado. Contudo, o que o ser humano faz com a educação que recebe pode ser medido até com muita precisão.

Mitos de práticas

a) Falta tempo para avaliar os resultados em T&D.

Administração do tempo, levada a sério, pode ser a solução para este drama.

b) Os executivos dos treinandos não colaboram quando da avaliação de resultados.

Se não colaboram deve ser porque não foram preparados e sensibilizados como desejável para uma obrigação técnica e de processo que é deles!

c) Não existe tecnologia pronta para permitir a avaliação de resultados.

Não existia tecnologia para um voo tripulado até a Lua; foi criada e o resultado alcançado em 1969. Todos sabem!

Esta lista vai longe! Como nada nos acrescenta continuar explorando-a, vamos esquecê-la, porém reiterando: a área de Desenvolvimento de Talentos Humanos, outrora conhecida como Treinamento de Recursos Humanos, é, hoje, amadurecida o bastante para exorcizar os mitos e crendices e partir para algo mais sério!

Em resumo: mistifica-se demais a questão! Muitos discursos e lamentações são ouvidos, certamente como uma espécie de desculpa para "o que não fiz e nem quis tentar fazer". Em encontros de profissionais da área, nos eventos como congressos e outros, até que cabem a discussão e as lamúrias. Mas, em se tratando da realidade empresarial dos tempos atuais, a questão é uma só: **avaliar os resultados dos investimentos em T&D é um imperativo ao qual ninguém pode negar o devido provimento!**

O que importa, realmente, é fazer o que tem que ser feito: um processo de Treinamento e Desenvolvimento bem elaborado, implementado, avaliado e validado. O resto é pura perda de tempo!

ANTES DE COMEÇAR, UM PROCEDIMENTO ESTRATÉGICO

Para que o sistema de avaliação de resultados possa surtir os efeitos desejados, é muito importante que os gestores de T&D entendam e pratiquem algumas medidas estratégicas.

A estratégia de não legislar em causa própria

Melhor dizendo, o gestor de T&D não pode, ele mesmo, avaliar seu próprio trabalho. Quem deve fazê-lo é o seu cliente interno, como manda a lógica. Cabe ao gestor de T&D orientar e instrumentar o cliente interno, para que este conduza o processo e, mais adiante, reporte o que obtiver.

A estratégia de fazer do cliente interno um aliado

Consiste em sensibilizar os demandantes (clientes internos) no sentido de que se envolvam, de fato, em todo o processo e que possam estar atentos para as mudanças que vierem a ocorrer em seguida ao treinamento no âmbito da sua área de trabalho.

A estratégia de envolver ativamente os treinandos na avaliação dos resultados

Trata-se de, desde a fase de diagnose das necessidades de treinamento, procurar chamar a atenção dos treinandos para a época em que ele será convocado no sentido de subsidiar a pesquisa de resultados com seus depoimentos e percepções.

A estratégia de sempre focar a ação de treinamento em resultados

Significa ter em mente e como foco as ações de treinamento nas quais o potencial de resultados venha a ser uma parcela consistente. Avaliar o que já se sabia que não daria resultados é pura insensatez e um erro técnico imperdoável nos dias atuais (e vindouros).

A estratégia de procurar vincular as ações de treinamento às atividades geradoras de receitas da empresa

Nunca é demais lembrar: tudo que agrega valor à empresa, de alguma forma, estará impactando em sua capacidade e competências de gerar receitas.

ESTRATÉGIAS E PROCEDIMENTOS PARA VINCULAR O TREINAMENTO AOS RESULTADOS DA EMPRESA

Antes de qualquer ação, convém certificar-se de que a empresa tem o mínimo de permeabilidade para as práticas de mensuração...PARA VALER!...dos resultados do treinamento que vem sendo realizado.

A seguir, sugere-se um inventário muito interessante que pode ajudar a responder essa delicada questão.

DIAGNÓSTICO DE STATUS DA OPERAÇÃO DE AVALIAÇÃO DE RESULTADOS DOS PROGRAMAS E INVESTIMENTOS EM TREINAMENTO E DESENVOLVIMENTO

(Adaptado de *Return on Investment in Training and Performance Improvement Programs* – Jack J. Phillips)

INSTRUÇÕES

Em cada uma das seguintes afirmativas por favor circule a alternativa a), b) ou c) opção que melhor mostre a realidade atual da operação de avaliação de resultados em T&d na sua empresa. Se nenhuma das respostas descrever a situação dominante, selecione aquela que mais se aproxime. Seja especialmente rigoroso em suas respostas.

1 – A diretriz da função de Treinamento e Desenvolvimento em sua empresa:

a) É determinada por problemas e mudanças quando elas ocorrem.
b) É determinada pela Gestão de RH e ajustada quando necessário.
c) É baseada em uma missão e em planejamento estratégico para a função.

2 – O principal processo de operação de T&D é:

a) Responder às solicitações dos gestores e de outros colaboradores da empresa para oferecer programas e serviços de T&D.
b Ajudar no gerenciamento das reações nas situações de crises e oferecer soluções por via de programas e serviços de T&D.
c) Implementar muitos programas de treinamento, em colaboração com os gestores, para prevenir problemas e situações de crise.

3 – As metas da operação de Treinamento são:

a) Estabelecidas com a equipe de T&D, baseadas na percepção da demanda por programas e serviços.
b) Desenvolvidas com base em metas e planos consistentes em sintonia com a gestão de Recursos Humanos.
c) Desenvolvidas para integrar-se às metas operacionais e aos planejamentos estratégicos da organização.

4 – Muitos programas novos de T&D são iniciados:

a) Por solicitação das gerências superiores.
b) Quando um programa parece ter sido bem sucedido em outra empresa.
c) Após a análise das necessidades ter indicado que o programa é necessário.

5 – Quando uma mudança importante é feita na empresa:

a) Decide-se quais informações (e não quais estruturas) são necessárias.
b) Ocasionalmente, verifica-se que novas estruturas e conhecimentos são necessários.
c) Sistematicamente, avalia-se que estruturas e conhecimentos são necessários.

6 – Para definir planos de T&D:

a) A gerência é solicitada a escolher o treinamento em uma lista de possibilidades de eventos existentes.
b) Os colaboradores da empresa são consultados sobre suas necessidades de treinamento.
c) As necessidades de treinamento são sistematicamente derivadas de uma apurada análise de problemas.

7 – Quando se determina o tempo do treinamento e o público-alvo:

a) Atua-se sobre cursos de treinamento não específico para um público diversificado.
b) Identificam-se as necessidades específicas de treinamento e os indivíduos e grupos específicos.
c) Toma-se como base o treinamento bem próximo da sua utilização prática, que é atendido apenas por colaboradores que, de fato, precisam dele.

8 – A responsabilidade sobre os resultados dos eventos de treinamento:

a) Cabe, a princípio, à equipe de T&D assegurar-se de que o programa obteve sucesso.
b) É uma responsabilidade da equipe de T&D e dos gerentes de linha, que devem, juntos, assegurar-se dos resultados obtidos.
c) A responsabilidade recai sobre a equipe de treinamento, participantes e seus gestores; todos trabalham juntos para assegurar os resultados obtidos.

9 – Avaliação sistemática e objetiva é oferecida para assegurar que os treinandos estão se desempenhando apropriadamente no trabalho.

a) Isso nunca acontece. As únicas avaliações são durante o programa, e elas se concentram apenas se os treinandos gostaram ou não do evento.
b) Isso acontece ocasionalmente. De alguma forma é estudado se o treinamento teve alguma eficácia para o trabalho.
c) É frequente e sistematicamente avaliado o desempenho pós-treinamento.

10 – Novos programas são desenvolvidos:

a) Internamente, usando a equipe de técnicos de T&D, instrutores internos e especialistas.
b) Usualmente adquirimos programas modificados, de acordo com as necessidades da empresa.
c) Da maneira mais prática e econômica, para identificar pontos fracos, aspectos de custo, usando a equipe interna e fornecedores externos.

11 – Custos para Treinamento e Desenvolvimento são acumulados:

a) Em uma base agregada, totalizada, somente.
b) Em um programa geral.
c) Por componentes específicos do processo.

12 – O envolvimento da gerência no processo de treinamento é:

a) Muito baixo, com ocasionais interferências.
b) Moderado, usualmente solicitado, ou quando de uma necessidade específica.
c) Planejado deliberadamente para posicionar e formalizar o envolvimento.

13 – Para assegurarmo-nos de que o treinamento é transformado em melhoria do trabalho, nós:

a) Encorajamos os participantes a aplicar o que eles aprenderam e a reportar os resultados.
b) Solicitamos aos gestores que forneçam suporte, reforcem o treinamento e reportem os resultados.
c) Utilizamos estratégias apropriadas de transferência de treinamento para cada situação.

14 – A interação da equipe de treinamento com os gestores da empresa é:

a) Rara. Nunca discutimos assuntos afins com eles.
b) Ocasional, durante as atividades tais como análises de necessidades e/ou coordenação de programas.
c) Regular e contínua, para que possamos estabelecer um relacionamento, bem como desenvolver e viabilizar programas.

15 – O papel de T&D na direção das mudanças:

a) É conduzir o treinamento, dar suporte ao projeto, como solicitado.
b) É providenciar suporte administrativo para os programas, incluindo os treinamentos.
c) É iniciar o programa, coordenar todos os trabalhos e medir o seu progresso e, em sequência, avaliar os resultados.

16 – A visão sobre a operação de Treinamento e Desenvolvimento da maioria das gerências de sua organização é:

a) Uma função questionável, que toma muito tempo dos colaboradores da empresa.
b) Uma função necessária, que pode ser usada para melhorar a empresa.
c) Um recurso importante, que pode ser usado para desenvolver e aprimorar a empresa.

17 – Programas de Treinamento e Desenvolvimento são:

a) Atividades orientadas para todos os gestores, atendendo às demandas do processo de avaliação de desempenhos.
b) Um resultado de base individual.
c) Um resultado de base organizacional.

18 – O investimento em Treinamento e Desenvolvimento é medido inicialmente por:

a) Opiniões subjetivas.
b) Observações dos gestores e reações dos treinandos.
c) Pelo retorno através do aumento da produtividade, redução de custos e/ou melhoria dos padrões de qualidade.

19 – O esforço de Treinamento e Desenvolvimento consiste em:

a) Usualmente em um foco apenas.
b) Uma variedade de eventos para suprir necessidades individuais.
c) Uma variedade de programas implementados para provocar mudanças importantes na organização.

20 – Novos programas de T&D sem algum método formal de avaliação são implementados em minha empresa:

a) Regularmente.
b) Às vezes.
c) Nunca.

21 – Os resultados dos programas de treinamento são comunicados:

a) Quando solicitados por aqueles que têm alguma necessidade de saber.
b) Ocasionalmente, somente para os escalões de gerência.
c) Rotineiramente, para extratos de gestão previamente definidos.

22 – O Envolvimento da gerência na avaliação do treinamento:

a) É pequeno, com responsabilidade não específica e pouca solicitação.
b) Consiste em uma responsabilidade informal sobre a avaliação.
c) Muito específico. Todos os gestores têm responsabilidade formalizada.

23 – Durante um declínio nos negócios em minha organização, a função do treinamento será:

a) A primeira a ter a equipe reduzida.
b) Mantida estável a equipe.
c) Intocada, possivelmente até com algum incremento na equipe.

24 – A verba para treinamento e educação é baseada na:

a) Verba do último ano.
b) No quanto a equipe de T&D pode "vender" e "arrancar".
c) Em um sistema de orçamentação base zero.

25 -- O principal grupo que deve justificar as despesas de T&D é:

a) A área de T&D.
b) A gestão de RH.
c) A linha gerencial.

26 – Sobre os últimos dois anos, as verbas de T&D como percentagem nas despesas operacionais têm:

a) Diminuído.
b) Permanecido estáveis.
c) Aumentado.

27 – O máximo de envolvimento dos gerentes na implementação dos programas de T&D:

a) É limitado a mandar convites, enviar cumprimentos...coisas assim.
b) Inclui monitoramento de aproveitamento, discurso da abertura e encerramento, apresentação da visão geral da empresa.
c) Inclui participação no programa para ver como está sendo efetivado, conduzir principais segmentos do programa e atraindo as pessoas-chave em termos do sucesso do programa.

28 – O envolvimento da gerência de linha durante os programas de treinamento é:

a) Mínimo. Somente os técnicos de T&D conduzem programas.
b) Ação limitada a poucos especialistas conduzindo programas.
c) Significativo. Na média, mais da metade dos programas tem envolvimento dos gerentes em sua condução.

29 – Quando um colaborador da empresa completa um programa de treinamento e retorna a seu posto, como é a ação do seu gerente:

a) Não faz referência ao programa.
b) Faz perguntas sobre o programa e encoraja quanto ao uso do material.
c) Reitera o uso do material do programa e dá reforços positivos quando este é utilizado.

30 – Quando um funcionário participa de um seminário externo, ao retornar é requisitado para:

a) Não fazer nada.
b) Elaborar um relatório resumindo o programa.
c) Avaliar o seminário, alinhamento dos planos para implementação dos conteúdos e para ajudar a avaliar os retornos da aplicação.

INTERPRETANDO...

Marque **um** ponto para respostas A
Marque **três** pontos para respostas B
Marque **cinco** pontos para respostas C

O total será entre 30 e 150 pontos.

PONTUAÇÃO	ANÁLISE DA PONTUAÇÃO
120 a 150	Tudo indica que sua empresa está conseguindo (ou no rumo de conseguir) brilhantes resultados com T&D. Grande suporte gerencial à T&D. Pode ser citada como referência em T&D.
90 a 119	Acima da média geral em alavancar resultados por via de T&D. Bom suporte gerencial. Tem muito, porém, a repensar sobre as estratégias e práticas de gestão de T&D.

60 a 89	Precisa melhorar muito a perspectiva de resultados com T&D. Suporte gerencial não efetivo. Tende a ver desaparecer ou diminuir ao mínimo a ação e importância de T&D.
30 a 59	Sérios problemas com o sucesso e o status de T&D. Suporte gerencial inexistente. Não há possibilidades de resultados nas operações de T&D.

Uma análise de cenários igualmente útil pode ser feita com base no "check-list" a seguir – simples, porém contundentemente objetivo, para que se possa, ao cabo da sua aplicação, concluir se as condições para a implementação da cultura e prática de medida dos resultados do treinamento são efetivas.

CHECK-LIST DAS CONDIÇÕES PARA IMPLEMETAÇÃO DA AVALIAÇÃO DOS RESULTADOS DO TREINAMENTO REALIZADO

(Benedito Milioni, versão modificada em agosto de 2011, São Paulo, SP)

FATOR EM REFERÊNCIA	ESCALA DE AVALIAÇÃO
Grau de preparo técnico da equipe de RH na tecnologia de ART	**1 2 3 4 5 6 7 8 9 10** **não** **sim**
Preparo e conscientização da Direção e da estrutura de gestão para o processo de T&D	**1 2 3 4 5 6 7 8 9 10** **não** **sim**
Disponibilidade de indicadores de situação antes do treinamento	**1 2 3 4 5 6 7 8 9 10** **não** **sim**
Objetivos construídos em consenso entre treinandos, seus gestores e a área de T&D	**1 2 3 4 5 6 7 8 9 10** **não** **sim**
Contrato pedagógico (ou a contratação da efetividade) efetuado na abertura do evento	**1 2 3 4 5 6 7 8 9 10** **não** **sim**

Projeto de aplicação dos conteúdos do treinamento construído e pronto para uso	1 2 3 4 5 6 7 8 9 10 não sim
Condições mínimas para aplicação dos conteúdos consensuada e disponibilizada	1 2 3 4 5 6 7 8 9 10 não sim
Apoio do gestor para aplicação do conteúdo manifestado e operacionalizado	1 2 3 4 5 6 7 8 9 10 não sim
Meios, instrumentos e processo de ART elaborados e informados a todos os clientes	1 2 3 4 5 6 7 8 9 10 não sim
Calendário da ART previamente divulgado e mantido na prática	1 2 3 4 5 6 7 8 9 10 não sim

Interpretação

Se apenas uma das dez questões de análise não estiver 100% assegurada, TODA a ação de ART estará muito comprometida, sendo que, na medida da negativação de mais de uma dessas questões, a impossibilidade da execução da ART aumentará, na mesma proporção.

MEDIR OS RESULTADOS – UMA LACUNA A SER PREENCHIDA...E RÁPIDO!

O treinamento está em meio a uma crise que muitos afirmam ameaçar sua própria sobrevivência. Dito de uma maneira simples, a crise é o fracasso em demonstrar que o investimento no treinamento produz resultados empresariais demonstráveis. Esta crise atinge a todos os tipos de treinamento: nos seus aspectos técnicos ou de *management*, no posto de trabalho, presencial ou *e-learning*.

As empresas gastam milhões de dólares no desenvolvimento e no aprimoramento do treinamento que tem pouco ou nenhum impacto nos resultados das empresas. Segundo os cálculos realizados pela ASTD e por outras entidades, somente 3% dos cursos de treinamento são avaliados para determinar seu impacto nos negócios.

Mas esta situação está mudando!

Existe uma nova chamada à responsabilidade! A avaliação da eficácia, o valor do negócio e o retorno do investimento (ROI) estão se convertendo em assunto frequente, quando o treinamento é revisto e apoiado pela alta direção da empresa.

Anteriormente, considerava-se que um treinamento tinha êxito quando os números de programas, de participantes, de dias de curso, os custos do treinamento e as pesquisas relacionadas com a satisfação em acabar o curso eram indicadores suficientes. Hoje, provavelmente, os executivos da sua empresa se questionam sobre os seguintes pontos (dê a sua opinião, respondendo,objetivamente, no espaço contido pelo quadro abaixo de cada questão proposta

- Como saberemos se nosso treinamento está obtendo resultado?

- Como podemos medir o retorno do investimento do treinamento (ROI)?

- Que benefícios financeiros proporcionará o *e-learning*?

- Como podemos aumentar o impacto de nosso investimento em treinamento?

LIMITAÇÕES DA AVALIAÇÃO DO TREINAMENTO

Quais são, então, as principais causas desta crise? São muitas. Entre elas se incluem:

- Defeitos na avaliação, especificamente, falta de métodos apropriados e o fato de não se centrar na avaliação do treinamento antes que ocorra o treinamento, mas sim depois.
- Falta de acordo sobre a forma de relacionar o treinamento com os resultados empresariais.
- Não focar o treinamento na aprendizagem que terá maior impacto estratégico na organização.

Lamentavelmente, a tecnologia para avaliar o treinamento não avançou muito.

Enquanto quase todo mundo acredita que deva existir uma relação causal entre treinamento e resultados empresariais, muito poucos foram capazes de encontrar uma. O modelo 4 níveis de Donald Kirkpatrick dá uma escassa atenção à avaliação do Nível 4 (resultados empresariais) e dá pouca informação sobre a forma de medi-lo. Enquanto o modelo de 5 níveis, proposto por Jack Phillips, acrescenta um processo de ROI (*Return On Investment*) ao modelo Kirkpatrick, o verdadeiro problema é que ambos são modelos conceituais que precisam das ferramentas necessárias para aumentar os resultados empresariais.

O maior problema com os enfoques existentes na avaliação do treinamento é que há uma falta de compreensão do vínculo atual entre o treinamento e os resultados empresariais. As concepções atuais não reconhecem a enorme desconexão que existe entre o Nível 3 (de transferência) e o Nível 4 (resultados).

Se um funcionário aprendeu uma habilidade (Nível 2) e a aplica em seu trabalho (Nível 3), ainda é possível que esta habilidade aplicada não tenha nenhum efeito sobre os resultados da empresa. Na verdade, no Nível 1. (este foi o melhor curso que já participei!), no Nível 2 (alcançando 100% no Pós-teste) e no Nível 3 (os supervisores dizem que seus funcionários estão usando as novas habilidades em seu trabalho), podem-se obter resultados fantásticos sem ter nenhum impacto sobre os indicadores da empresa.

O maior desafio no treinamento voltado para os resultados não consiste em garantir que a aprendizagem ou a aplicação no posto de trabalho realmente estejam produzindo efeito, ***mas em assegurar que as habilidades que terão o maior impacto na empresa são aquelas que estão sendo aprendidas e aplicadas.*** Esta situação contrasta com o atual "enfoque de catálogo" do treinamento, a saber, a tendência para projetar e oferecer mais cursos. Na realidade, se você estiver usando as habilidades erradas e só realizou um treinamento, um sucesso no Nível 3 pode, na verdade, ser um fracasso no Nível 4. Só pense em quanto conhecimento e quantas habilidades foram passados ao longo dos anos que não tinham nenhum alinhamento com os resultados da empresa. A regra número ***um é que o treinamento eficaz deve guiar-se pelos resultados empresariais.***

UMA MUDANÇA DE PARADIGMA MUITO NECESSÁRIA

A seguir, apresentaremos um quadro que descreve a necessidade de uma mudança da ***avaliação retrospectiva*** para ***a avaliação assistida***. A avaliação de Nível 4 (resultados) deverá ser feita durante todo o tempo. As avaliações de Nível 1 (reação), Nível 2 (aprendizagem) e Nível 3 (transferência) devem ser feitas quando necessário, a fim de proporcionar o *feedback* possível e ajudar a impulsionar os resultados.

Situação atual	Situação desejada
Avaliação retrospectiva	***Avaliação assistida***
Nível 1 (90%)	Nível 1 (de acordo com a necessidade)
Nível 2 (50%)	Nível 2 (de acordo com a necessidade)
Nível 3 (20%)	Nível 3 (de acordo com a necessidade)
Nível 4 (menos de 5%)	Nível 4 (superior a 80%)

A fim de que o treinamento possa sobreviver como um negócio viável, é necessário que se produza uma mudança fundamental na avaliação do treinamento. Esta transformação teria que passar por uma mudança na avaliação do treinamento de seu atual objetivo de avaliação ***retrospectiva*** para um objetivo proativo de avaliação ***assistida***. A avaliação retrospectiva não faz absolutamente nada para ajudar os gestores e tomadores de Treinamento a impulsionar os resultados.

Por outro lado, a avaliação ***assistida*** se realiza antes que se tenha concebido o treinamento. A avaliação deve ser um componente crítico do planejamento para qualquer ação de treinamento em vez de ser algo posterior.

Defina, aqui, o que entende como avaliação assistida

O quadro ***Uma mudança de paradigma necessária*** descreve a mudança necessária. Os números que aparecem são cálculos aleatórios da proporção do esforço da avaliação do treinamento que atualmente é dedicado a cada um dos quatro níveis da avaliação. Vários níveis se realizam de forma coincidente, por isso, as porcentagens somadas não têm um total de 100%.

Defina, aqui, o que entende como avaliação retrospectiva

VISÃO GERAL DO MODELO DE AVALIAÇÃO DE TREINAMENTO

Este texto apresenta um modelo para vincular o treinamento aos resultados da empresa.

O modelo que alinha treinamento com os resultados da empresa e resolve as diferenças entre a aplicação no posto de trabalho e os resultados empresariais foi desenvolvido pela IBM Learning Services, o braço da IBM dedicado a treinamento e desenvolvimento.

Este modelo proporciona um marco para avaliar os resultados empresariais, tanto em termos quantitativos como qualitativos, que pode ajudar a planejar e distribuir treinamento que proporcione à sua empresa um valor empresarial demonstrável. Entre outros benefícios, o modelo de avaliação permitirá:

- Desenvolver argumentos empresariais convincentes sobre o treinamento (tanto presencial quanto *e-learning*)

Que argumentos seriam estes?

- Proporcionar um processo progressivo para fazer um acompanhamento do impacto do treinamento.

O que é e o que entende por "acompanhamento" do treinamento?

- Proporcionar um quadro para a concepção de ações de treinamento mais poderosas.

Ações de treinamento mais poderosas. O que é isso, exatamente?

- Instruir gestores e tomadores sobre o impacto potencial do treinamento e das relações causais através das quais se produz esse impacto.

E o quanto os gestores e tomadores influenciam concretamente os impactos?

- Aumentar o nível de conhecimento dos gestores do Treinamento sobre os negócios da empresa.

Mas se todos já sabem qual é o negócio da empresa, para que, afinal, destacar isso?

- Ajudar aos encarregados de tomar decisões melhores quanto ao investimento em treinamento.

Em que sentido, precisamente?

- Aumentar o compromisso e a participação da direção na avaliação dos resultados do treinamento e o treinamento voltado para resultados.

Mas se é a parte maior interessada em resultados, por que ainda se precisa envolver a Direção?

Este modelo pode ser aplicado em qualquer fase do ciclo de treinamento de pessoas nas organizações, mas é muito mais poderoso quando se utiliza no início do processo, como uma metodologia extraordinariamente poderosa de avaliação de necessidades e desenvolvimento de argumentos empresariais convincentes.

Além do alinhamento dos resultados empresariais e da avaliação assistida (*predictiva*) em vez da retrospectiva, este modelo utiliza outros numerosos conceitos-chave que ajudam a superar a lacuna entre a transferência ao posto de trabalho (Nível 3) e os resultados empresariais (Nível 4).

Estes conceitos-chave adicionais são os seguintes:

Cadeia de causalidade

A contribuição mais importante do modelo para a avaliação do treinamento assistido (predictiva) é a forma pela qual se estabelece uma cadeia de causalidade (ou cadeia de causas) possível, que junta os indicadores entre os resultados desejados e ação formativa.

Lógica empresarial

A cadeia de causalidade exige compreensão do negócio através da qual se conectam vários níveis de avaliação.

Contribuinte causal

A lógica empresarial reconhece também que a maioria dos resultados organizacionais se consegue através da contribuição causal: a confluência de várias influências. O alinhamento dos negócios, a avaliação assistida (predictiva), a cadeia de causalidade, a lógica empresarial e a contribuição causal proporcionam as chaves para cobrir a lacuna que existe entre o Nível 3 e o Nível 4.

Um dos principais fatores que desencorajam os esforços de vincular o treinamento aos resultados da empresa tem sido a percebida necessidade de isolar os efeitos do treinamento de outros fatores. Isto poderia ser garantido por meio de uma investigação rigorosa. Entretanto, o modelo de avaliação está baseado no suposto de que nenhuma atividade empresarial é exclusivamente responsável por qualquer resultado da empresa (causalidade colaboradora). Os resultados são obtidos através de várias atividades que trabalham sinergicamente juntas.

Nenhuma atividade empresarial deveria isolar seu impacto de outros potenciais contribuintes, tampouco deveria fazê-lo da avaliação.

E agora, juntando os três conceitos, *cadeia de casualidade, lógica empresarial* e *contribuinte causal,* qual a conclusão a que chega sobre uma estratégia concreta de vinculação das ações de treinamento aos resultados do negócio?

PLANEJAR O TREINAMENTO PARA OBTER RESULTADOS

A maior parte dos eventos de treinamento não consegue resultados porque não foi planejada para obtê-los.

Se você aponta para um objetivo didático, é pouco provável que alcance os resultados empresariais. Este modelo de avaliação o ajudará a centrar-se no objetivo de tal modo que o treinamento que planeje estará vinculado aos resultados empresariais precisos que sua empresa contempla e exige. Contudo, isto não é suficiente: a avaliação dos resultados do treinamento deve ser suficientemente poderosa para superar todo o ruído, a inércia e a entropia no sistema organizacional.

A maior parte do treinamento é uma ação relativamente frágil, porque se implanta, geralmente, em um vazio organizacional, sem levar em conta o sistema organizacional maior. Para alcançar o poder necessário para afetar os resultados da empresa, o treinamento deve utilizar suas influências. Este modelo o ajudará a identificar os principais pontos de influência que incrementarão o poder e a concentração da ação. O modelo pode ajudar-lhe a:

1. Dirigir o treinamento até ao ponto de estabelecer uma grande diferença em termos de rendimento organizacional e não só individual. O modelo aumenta a compreensão dos diferentes níveis de impacto de treinamento.
2. Alinhar o treinamento com as iniciativas de estratégias empresariais. A maioria das organizações está buscando melhorar constantemente e há iniciativas estratégicas (por ex: esforços de melhora da qualidade, da segurança e da produtividade) que estão implantando continuamente. É provável que essas iniciativas estratégicas tenham componentes de formação. O alinhamento do treinamento com estas iniciativas se voltará para os resultados que são importantes para a empresa e aumentará o apoio da direção e os recursos já comprometidos. Também levará ao esboço de intervenções mais poderosas e reforçará a necessidade de que as ações do treinamento e outras ações estejam totalmente integradas. O resultado final é que este modelo fará com que o treinamento seja mais poderoso e sinérgico.
3. Certifique-se de que existe apoio suficiente da direção (gestão). O modelo mostra claramente aos diretores (gestores) quão importante é a sua participação e o reforço do treinamento no processo de melhoria do treinamento e o rendimento.
4. Facilitar a transferência durante o caminho crítico. O modelo identifica o caminho crítico para a eficácia da ação de treinamento e os pontos-chaves de influência. Se você orienta as habilidades corretas da cadeia causal de alta prioridade e permite que suas metas do Nível 4 impulsionem de forma agressiva a ação do treinamento, terá um importante impacto positivo na empresa.

Embora este modelo se apresente como uma nova tecnologia, os especialistas mais notáveis utilizam habitualmente princípios similares, de forma intuitiva.

Tomando posição: diagnostique a ocorrência na sua empresa das condições reais para que estes quatro fatores listados possam, efetivamente, tornar-se operacionais.

COMPONENTES DA AVALIAÇÃO DOS RESULTADOS DO TREINAMENTO: UM MODELO MAIS ELABORADO E COMPLEXO

O modelo de avaliação do treinamento compreende cinco análises inter-relacionadas. Estas análises são:

1. Traçado de um mapa da empresa
2. Análise de indicadores de desempenho
3. Análise da cadeia causal
4. Análise do custo/benefício do treinamento
5. Análise do investimento no treinamento

Cada uma destas análises é construída sobre os resultados das análises prévias.

Fase 1: Traçado de um mapa da organização

↓

Fase 2: Análise dos indicadores de rendimento

↓

Fase 3: Análise da cadeia causal

↓

Fase 4: Análise do custo/benefício do treinamento

↓

Fase 5: Análise do investimento no treinamento

O traçado de um mapa da empresa e a análise dos indicadores de rendimento constituem passos preliminares da análise da cadeia causal, que é o método analítico mais crítico do modelo. A análise do custo/benefício do treinamento quantifica os benefícios identificados em uma cadeia causal e a análise do investimento no treinamento usa esta informação para tomar decisões sobre este aspecto.

FASE 1: Traçado de um mapa da organização

O traçado de um mapa da empresa é o processo de compreensão dos elementos e relações da empresa. Esta compreensão será fundamental para realizarem-se as análises subsequentes. O resultado é um mapa da empresa, que estará representado por um diagrama, ou melhor, uma série de diagramas que descrevem os processos, funções e atividades mais importantes que compreendem a organização, bem como as relações que existem entre estes elementos organizacionais. O mapa da organização é desenvolvido inicialmente como um protótipo e é modificado e revisado à medida que se conhece mais sobre a empresa. Proporciona uma compreensão melhor dos elementos e relações organizacionais.

Os passos no traçado de um mapa da empresa são os seguintes:

1. Obter os documentos organizacionais existentes relativos à estrutura e aos processos. Por exemplo: conseguir os mapas, quadros de pessoal, métodos e documentos sobre os procedimentos da empresa.
2. Com base nesta documentação, devem-se definir os processos e funções mais importantes. Dá resultado fixar lembretes na parede a fim de facilitar a compreensão das verdadeiras relações organizacionais, que com certa frequência diferem das oficiais. Se os gráficos organizacionais existentes são adequados, então o traçado de um mapa da organização, talvez, não seja um passo imperativo. Neste caso, é importante revisar os gráficos organizacionais existentes para assegurar-se de que você o

entende perfeitamente e pode utilizá-lo como base para futuras análises.

3. Uma vez que as relações organizacionais ficaram claras, devem ser documentadas em diagrama. Este é o protótipo do mapa da empresa. Entretanto, é provável que aconteçam mudanças posteriores no mapa, sempre que aparecer uma nova informação ou quando houver mudanças organizacionais.

Determinada empresa estava passando por graves problemas nos negócios. Antes de realizar um importante investimento em solução, a empresa decidiu usar o modelo de avaliação do treinamento a fim de determinar onde deveria investir para obter o máximo retorno.

Como primeiro passo, criou um mapa organizacional de modo tal que todas as pessoas implicadas tivessem uma compreensão clara da empresa e suas inter-relações.

A seguir está descrito um exemplo de mapa organizacional inicial.

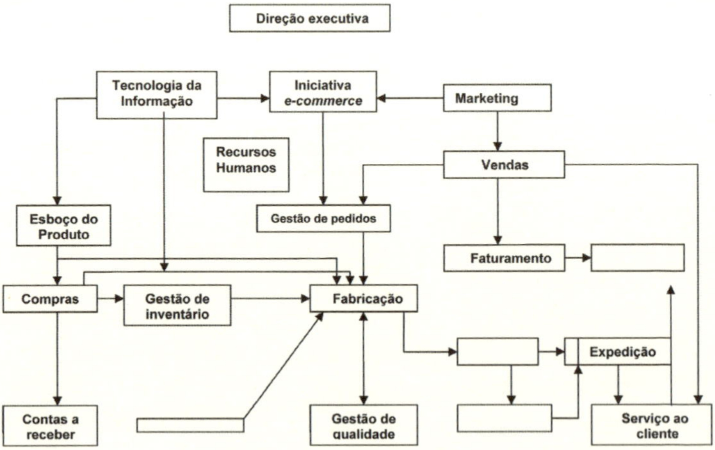

Fase 2: Análise dos indicadores de desempenho

O objetivo da análise dos indicadores de desempenho é desenvolver um inventário dos indicadores que se utilizam atualmente e determinar quaisquer outros que sejam necessários.

Quando identificar indicadores de desempenho, peça a participação de gestores-chave e consiga a aceitação do responsável financeiro. Evite cair na armadilha de se concentrar apenas em indicadores dos resultados do treinamento e da atividade. Isso impede que o treinamento se distancie das metas maiores da empresa.

A maior parte dos indicadores de desempenho está disponível em várias fontes, dentro da empresa. Os sistemas de avaliação de desempenho são fontes muito úteis para medir o desempenho individual dos funcionários. Existem também vários outros indicadores operacionais em toda a empresa, tais como: eficácia na fabricação, níveis de inventário, porcentagem de vendas, níveis de satisfação do cliente, tempo perdido devido a acidentes, precisão do pedido de entrada, percentagem de chamadas perdidas, custo de rechamada, custo de garantia e conserto, custo dos desperdícios e resíduos, utilização dos recursos, tempo do ciclo etc.

Pergunte-se, sempre, POR QUE a seus indicadores:

- Por que é importante aumentar a velocidade?
- Por que é importante uma quantidade maior?
- Por que é importante melhorar a qualidade?
- Qual o impacto das mudanças nestes indicadores, no cliente e nos indicadores finais de êxito do negócio?

Muitos indicadores são aceitos como fora do contexto. Além disso, encontre os indicadores-chave baseado no que é mais importante para a empresa (não só o que se pode medir com facilidade) e procure encontrar indicadores de resultados (antes dos indicadores da atividade)

Procure destacar indicadores sob o ponto de vista da perspectiva de resultados da empresa, e não se prenda a indicadores didáticos, de satisfação ou não dos tomadores do treinamento ou se é possível construí-los com maior ou menor facilidade.

Veja, abaixo, um esquema para inspirá-lo nesse trabalho.

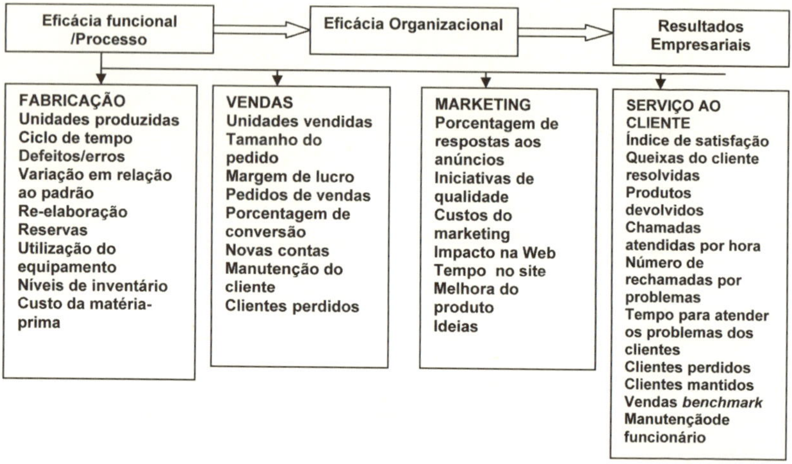

A análise dos indicadores de desempenho revela com frequência áreas críticas que não estão sendo adequadamente avaliadas e indicadores que não estão alinhados entre si ou com a estratégia global da empresa.

A maioria das empresas nunca termina um inventário sistemático de seu sistema de avaliação de desempenho, e habitualmente não está consciente das fraquezas do mesmo, porque "o que se mede é o que se ganha" e estas fraquezas na avaliação tendem a representar importantes obstáculos para o sucesso da empresa.

A análise dos indicadores de desempenho pode ser, em si, uma intervenção extremamente valiosa para melhorar a empresa, e conduz invariavelmente a uma avaliação e a um desempenho organizacional melhor. Apenas uma medida correta dos resultados do estudo de impacto ajudará a conduzir a um resultado conjunto correto.

Os passos na análise dos indicadores de desempenho são os seguintes:

1. Identificar os atuais indicadores estratégicos da empresa. Na maioria dos casos, estes indicadores são accessíveis através de documentação e dos sistemas de gestão existentes. Se não for assim, pode-se obter através dos analistas financeiros, analistas de negócios ou gerentes operacionais ou de processos.

2. Utilizar como guia o mapa da organização (ou outros diagramas organizacionais) e recorrer aos indicadores de desempenho-chave existentes na empresa. No modelo de avaliação, os indicadores se classificam, geralmente, nas seguintes categorias:

- Indicadores de resultados empresariais (financeiros ou não financeiros).
- Indicadores de eficácia organizacional (utilizados para supervisionar e dirigir a empresa como um todo).
- Indicadores funcionais/de processo (utilizados para supervisionar e dirigir funções e processos dentro da empresa).
- Indicadores do sistema de desempenho humano (de desempenho individual e da equipe.

3. Realizar um inventário dos indicadores de sua empresa. Como a maioria das empresas não dispõe de indicadores representativos, alinhados ou equilibrados, é provável que você precise realizar monitoramento como parte da implementação do modelo. Por exemplo: é possível que você verifique que existem indicadores fundamentalmente financeiros, mas poucos indicadores de satisfação do funcionário e do cliente. Em consequência, pode propor um processo que desenvolva indicadores mais equilibrados.

4. Uma vez que tenha um inventário dos indicadores de desempenho, estes devem ser revisados com regularidade e se deve comunicá-lo a toda a empresa e atualizá-lo.

Fase 3: Análise da cadeia causal

A análise da cadeia causal é a fase central do modelo de avaliação. Esta análise gera diagramas que podem rastrear o impacto do treinamento (ou qualquer outra intervenção) por meio de uma cadeia de indicadores organizacionais. A cadeia começa com o rendimento individual e da equipe e acaba com os resultados finais da empresa. As cadeias causais podem ser empregadas para esboçar um impacto potencial ou para documentar um impacto que já se produziu. Uma coisa é certa: é improvável que o treinamento tenha um impacto organizacional se não tiver vínculos críticos em uma cadeia causal.

Com o intuito de conseguir resultados empresariais a partir do treinamento, é importante compreender as relações causais. As cadeias causais geram observações valiosas das causas e efeitos e da lógica empresarial que vincula as intervenções com os resultados empresariais. Além disso, as cadeias causais também proporcionam um valioso capital intelectual.

Traçar um mapa da organização e a análise dos indicadores de desempenho proporciona recursos muito úteis para o desenvolvimento de cadeias causais.

Os passos na análise da cadeia causal incluem:

1. Identificar o ponto de partida mais apropriado para a análise.

   Estes podem ser:

- Um programa de treinamento em curso ou previsto.
- Um aspecto crítico ou uma lacuna no rendimento.

- Uma função ou um processo com problemas conhecidos.

2. Trabalhando para trás a partir de um problema de negócios (ou trabalhar adiante desde uma intervenção atual ou proposta) e criar uma cadeia de causalidades a partir de uma iniciativa após o treinamento até os resultados empresariais. A cadeia causal deve vincular tanto resultados tangíveis como os intangíveis. Assegure-se de fazer a diferença entre atividades e resultados.

3. Uma vez que o protótipo da cadeia causal tenha sido desenvolvido, obter *feedback* das pessoas-chaves envolvidas para ter certeza que a lógica empresarial é crível. Revise a cadeias causal anterior até que todos os envolvidos fiquem satisfeitos com credibilidade da documentação da cadeia causal.

Quando se desenvolvem pela primeira vez cadeias causais, devem ser utilizadas ligações gráficas entre os indicadores-chave. O ponto crucial é encontrar um curso de treinamento que algum aspecto tenha influência importante para a organização e para o resultado final. Um bom ponto de partida é a estratégia empresarial. O passo seguinte consiste em encontrar indicadores operacionais que estejam vinculados com à estratégia e que possam causar problemas.

Quando os houver identificado, trace algumas "cadeias exploratórias" para descobrir quais poderiam vincular-se a lacunas de desempenho das pessoas.

As lacunas estão, geralmente, relacionadas a questões de produtividade, qualidade, pontualidade ou de custos.

Um exemplo didático de modelo de avaliação CADEIAS CAUSAIS

Dada empresa percebeu que outros fatores, além do atendimento ao cliente (incluindo a disponibilidade e a qualidade do produto, a exatidão das faturas e as entregas com pontualidade) não eram problemas. O que aparentemente estava acontecendo era que os representantes do serviço ao cliente não conseguiam identificar com precisão e resolver os problemas dos clientes. Os registros de chamadas indicavam que os clientes estavam fazendo chamadas em média três vezes antes de desistir e devolver o produto. Normalmente, a política de devoluções "sem problemas" da empresa deveria contribuir para uma elevada satisfação do cliente. Lamentavelmente, naquelas condições, estavam piorando o problema. Quando se traçou o mapa dessa situação, este revelou uma cadeia causal muito negativa que vinculava, claramente, o fracasso do serviço ao cliente com a diminuição nos benefícios corporativos, tal como é mostrado no diagrama a seguir.

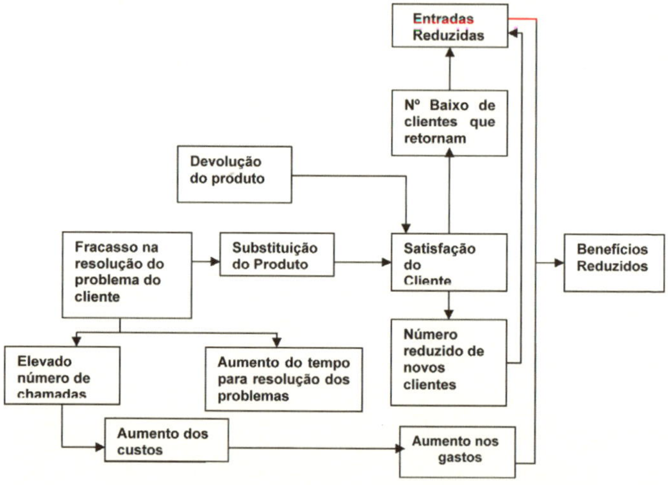

Chegou-se à conclusão de que era necessário treinar de algum modo o pessoal do serviço ao cliente. Entretanto, também era evidente que a solução proposta teria que ser algo mais que apenas um treinamento genérico de serviço ao cliente. O objetivo do treinamento deveria ser sobre a resolução definitiva do problema da empresa, que provavelmente retornaria se não fosse resolvido de forma definitiva, em vez de limitar-se a resolver só o problema de habilidades visíveis.

É nesta tarefa que é preciso se concentrar em primeiro lugar, o que mostra que o treinamento tradicional é muito fraco para causar um impacto nos resultados da empresa.

Continuação do exemplo de modelo de avaliação: CADEIAS CAUSAIS

Uma análise posterior da situação identificou comportamentos mais críticos individuais e da equipe, os quais deveriam ser sanados para resolver o problema de imediato e evitar que tornasse a se repetir. Determinou-se que o foco do treinamento deveria estar em:

- Fazer perguntas esclarecedoras para identificar a causa básica do problema do cliente.
- Desenvolver um plano de ação para abordar o problema.
- Implantar o plano de ação.
- Realizar um acompanhamento para ter certeza de que o problema foi resolvido.

Como acontece com a maioria das questões relacionadas ao desempenho, a solução requer a modificação do comportamento individual e da equipe.

Fase 4: Análise do custo/benefício do treinamento

Mediante esse processo, determinam-se os custos e benefícios de uma programação de treinamento. Consiste em agregar valores reais ou previstos para cada indicador.

Sempre que possível, esses benefícios do treinamento devem ser quantificados.

Contudo, quando a quantificação não for possível para um indicador em particular, os benefícios qualitativos devem ser incluídos.

Siga uma orientação que vise "benefícios" não só para evitar "custos". Mostrar custos reduzidos pode ser bom, mas o foco sobre o valor dos clientes e em aumentar as entradas, provavelmente, contribuirá mais para o crescimento da empresa. Muitas avaliações de treinamento têm o foco voltado tão somente para a redução dos custos.

É preciso ser, particularmente, cuidadoso quando fizer a quantificação dos benefícios do *e-learning*: ao avaliar as reduções de custos devidas ao *e-learning*, considere o paradoxo da realização eficaz do treinamento: uma realização eficaz do treinamento sem um conteúdo útil não tem sentido.

Na avaliação assistida (predictiva) a maior parte dos benefícios está baseada nas estimativas e suposições. Nestes casos, não existe nenhum problema inerente. Contudo, assegure-se de que o assessor dispõe da experiência necessária, uma vez que sua credibilidade será fundamental para a credibilidade de todo seu esforço, para não mencionar a validade de suas conclusões. Outra forma de aumentar a credibilidade das estimativas é utilizar vários assessores e ter a certeza de que seus cálculos coincidem. Também pode-se pedir que avaliem suas próprias estimativas utilizando um "fator de confiança" (de 100 a 0%).

Uma ameaça importante para a credibilidade do modelo de avaliação é que algumas afirmações sobre os benefícios são bastante problemáticas. Por exemplo, as afirmações de economia de tempo podem ser enganosas, a menos que o tempo economizado seja utilizado de maneira produtiva. Além disso, quando se avaliam os benefícios potenciais do desempenho, devem ser consideradas em todos os momentos as limitações e as dependências do sistema.

Por exemplo, os aumentos das vendas dependem de outros numerosos fatores, incluindo a disponibilidade do produto. Esteja certo de que sua cadeia causal reflita estas dependências.

O custo do treinamento deve ser determinado. Não considere somente os custos diretos do treinamento (por exemplo, as horas do instrutor), mas também os custos indiretos, como a perda de produtividade devido à frequência ao treinamento.

Os passos na análise do custo/benefício do treinamento incluem:

1. Verificar os objetivos tangíveis e os intangíveis que foram previamente identificados na cadeia causal.
2. Quantificar os benefícios, utilizando valores efetivos ou estimados. Quando houver dúvidas, adote um enfoque conservador. Especifique, sempre, de maneira clara, qualquer alegação.
3. Determinar os custos.
4. Finalmente, verificar esta análise quantitativa para determinar sua precisão e credibilidade.

Os passos na análise do investimento incluem:

- Determinar o objetivo da análise (por exemplo: um investimento no treinamento que deve ser avaliado, opções de investimento para comparar etc.).
- Fazer pesquisas específicas de avaliação de modo que possa vincular os dados coletados com as perguntas da avaliação. Caso contrário, você pode achar que está recolhendo dados que não irão responder às perguntas da avaliação.
- Em seguida devem-se selecionar os métodos de análise mais apropriados. Os peritos financeiros no campo podem ser muito úteis neste tipo de decisões. As análises de Investimento mais comuns nas empresas são o retorno do investimento, a taxa interna de retorno, o valor líquido presente e a análise do reembolso.

- Implantar os métodos de análise apropriados. Assegurar-se de especificar que todas as hipóteses sejam levantadas.
- Preparar e apresentar ao patrocinador e às outras pessoas-chave envolvidas um diagrama de investimento em treinamento, junto com a documentação explicativa.

O aumento na satisfação do cliente é o benefício não financeiro mais importante. Dele se espera que gere vendas futuras e que se tenha como resultado uma cota maior de mercado.

Outro benefício não financeiro é o aumento da satisfação do cliente, que provavelmente provoca um aumento nas percentagens de permanência dos representantes do serviço ao cliente e níveis ainda mais elevados de satisfação do cliente, já que estes interagem com pessoas mais experientes e bem-informadas.

O treinamento neste estudo de caso foi um investimento excelente, inclusive baseada em um retorno de investimento em um ano. Considerando-se o fato de que o retorno será de provavelmente por mais de um ano, o retorno do investimento foi, inclusive, mais favorável. O ROI indica que a cada dólar investido no treinamento para identificação e resolução de problemas houve um retorno de 5,30 dólares do investimento feito.

Exemplo do modelo de avaliação: análise do investimento no treinamento

O quadro abaixo apresenta uma análise do investimento em treinamento focado no retorno do investimento (ROI) em um ano deste investimento. Se a empresa quisesse estender o investimento no treinamento ao longo de vários anos, teriam sido necessárias outras formas de análise de investimento (tais como o valor líquido atual e a taxa de retorno interno).

Benefícios financeiros	Benefícios não financeiros	Custo	Retorno do investimento (ROI)
554.000$ de benefício líquido	• Aumento da satisfação do cliente • Aumento da manutenção do cliente • Aumento da permanência do funcionário na funcão	87.800$	530%

Nota: Embora o aumento na satisfação do cliente, o aumento da permanência do cliente e o aumento da permanência do funcionário sejam considerados benefícios não financeiros neste estudo de caso, podem ser quantificados em termos financeiros. Os clientes satisfeitos não só são clientes fiéis, mas também transmitem sua satisfação a outras pessoas. Além do mais,a perda de um cliente provoca, geralmente, uma perda maior que uma simples compra, para não mencionar outros danos que um cliente insatisfeito pode provocar e o custo para recuperar o cliente.

Principais benefícios

Como vimos nesse *Info-line*, avaliar os resultados do treinamento não foi uma tarefa fácil no passado devido fundamentalmente à ausência de uma metodologia confiável, prática e completa para vincular o treinamento aos resultados empresariais. Esta situação provocou uma crise para todos aqueles envolvidos com treinamento. Quando se aplica de forma correta, o modelo de avaliação pode ser uma metodologia eficaz para medir os valores finais do negócio do treinamento.

Embora seja recomendável para a avaliação assistida (predictiva), também se pode utilizar de forma retrospectiva. Em qualquer caso, se dirige a um modelo que se estende além da economia de custos e aprofunda o efeito que o treinamento tem através de todas as atividades empresariais.

Na ferramenta para o trabalho que aparece mais adiante há um resumo gráfico das análises que se aplica ao modelo de avaliação para identificar o impacto do treinamento através das atividades empresariais.

Principais benefícios

Como vimos, avaliar os resultados do treinamento não foi uma tarefa fácil no passado devido fundamentalmente à ausência de uma metodologia confiável, prática e completa para vincular o treinamento aos resultados empresariais. Esta situação provocou uma crise para todos aqueles envolvidos com treinamento. Quando se aplica de forma correta, o modelo de avaliação pode ser uma metodologia eficaz para medir os valores finais do negócio do treinamento.

Embora seja recomendável para a avaliação assistida, também pode-se utilizar de forma retrospectiva. Em qualquer caso, se dirige a um modelo que se estende além da economia de custos e aprofunda o efeito que o treinamento tem através de todas as atividades empresariais.

Na ferramenta para o trabalho que aparece mais adiante, há um resumo gráfico das análises que se aplicam ao modelo de avaliação para identificar o impacto do treinamento através das atividades empresariais.

Se não se vincular o treinamento aos resultados finais da empresa, corre-se o grave risco de os patrocinadores não continuarem investindo no treinamento. Através da implantação dessa metodologia, pode-se evitar, efetivamente, este risco de modo que o treinamento não só sobreviva, como também prospere.

DOZE FUNDAMENTOS SOBRE COMO AVALIAR OS RESULTADOS DO TREINAMENTO

1. A avaliação deve começar antes de você treinar – depois é tarde demais. Há um número mais que suficiente de ra-

zões pelas quais a avaliação deve começar com a análise de necessidades *antes* que você projete ou execute um treinamento:

(a) para conseguir um envolvimento com o que avaliar (objetivos do curso) e como proceder a avaliação após as ações de treinamento.

(b) para decidir, com segurança e de posse de dados ("malhar o ferro enquanto estiver quente"), como avaliar para valer o benefício que se pretende obter e documentar seu impacto (aprimoramentos de pré-avaliação e pós-avaliação).

(c) é vital que se faça algo de concreto para identificar reforços e restrições no local de trabalho que ajudarão ou impedirão os treinados de aplicar o que aprenderam.

(d) porque é preciso negociar com atenção dentro da estrutura de comando você pode obter o consentimento nas expectativas dos gerentes de seus *trainees*;

(e) porque é imperativo que você comece a desenvolver um sistema de manutenção que apoiará e reforçará o comportamento desejado no trabalho.

2. Você deve avaliar três coisas antes de treinar. Primeiro, avalie a conduta de entrada dos treinandos (CE). Pergunte-se: quais conhecimentos, atitudes e habilidades eles trazem sobre as quais você pode trabalhar? Depois, avalie as necessidades e expectativas da organização e, então, estabeleça a conduta de término (CT) que você espera dos treinandos após o treinamento. Finalmente, avalie o local de trabalho no qual os treinandos devem atuar para ver quais fatores auxiliarão ou extinguirão a conduta desejada, para que você possa maximizar os reforços e minimizar as restrições. Os profissionais de educação empresarial podem ser comparados a "tapadores de buracos", fechando as lacunas entre CE e CT. Portanto, eles

têm que saber se devem ou não avaliar a eficiência do treinamento.

3. A avaliação deve ser uma parte integral do processo instrucional. Diferentemente das escolas clássicas, nas quais as avaliações são feitas principalmente através de testes, as sessões de treinamento devem fornecer máximas oportunidades para um aprendizado prático e com frequentes respostas dos treinandos. Isso dá ao profissional de educação empresarial e ao treinando igualmente o *feedback* frequente que ambos necessitam para assegurar que os objetivos de aprendizagem estejam sendo alcançados. Instruindo mais por dedução, utilizando exercícios com um pequeno grupo e estando centrado no aprendiz, o instrutor não precisa de muitos testes formais para avaliar o progresso. Isso pode ser feito informalmente em cada sessão de treinamento. Tal projeto de curso é mais eficiente (melhor uso do tempo do grupo), mais prazeroso (poucas pessoas gostam de testes, inclusive os instrutores) e mais efetivo (produz altos níveis de desempenho).

4. Uma avaliação formal deve ser feita por alguém além do instrutor. Os instrutores têm o fixo interesse em obter altas avaliações. Além disso, eles podem desenvolver testes ao fim do curso e formulários de classificação para demonstrar qualquer coisa que quiserem. Assim, as ferramentas e técnicas de avaliação devem ser desenvolvidas por profissionais, e o processo de avaliação deve ser supervisionado por pessoas imparciais – um comitê de aconselhamento de treinamento de gerentes de linha ou um consultor de fora. As informações coletadas pelo treinando e seu gerente são mais frequentemente aceitas do que as informações da avaliação do instrutor.

5. O acordo de um desempenho expansivo torna a avaliação mais fácil. Um treinamento efetivo é responsabilidade de três pessoas: instrutor, o treinando, e o gerente do treinando. Os três devem concordar com os resultados

esperados e em quando e como eles serão avaliados. Os três devem atuar se desejarem que os resultados sejam alcançados. Concordando no início com os papéis e responsabilidades, o treinamento será mais efetivo, os resultados serão mais fáceis de serem avaliados, os critérios serão combinados antecipadamente, e a responsabilidade pela avaliação terá sido estabelecida.

6. Uma avaliação demorada é melhor. Embora seja mais fácil avaliar os treinandos enquanto ainda estão encantados, nós podemos avaliar somente seu comportamento indireto (ativado) durante as sessões de treinamento. Se estivermos interessados na transferência de treinamento (da sala para o trabalho), então devemos ir ao local de trabalho e realizar nossas avaliações depois de as variáveis intervenientes (reforços e impedimentos) tiverem seu impacto no desempenho do treinando. Alguns gestores da educação empresarial dirão: "Isso não é meu departamento. Eu não tenho nenhum controle sobre o que acontece após o treinamento". Mas a forte tendência em DRH é com respeito à abordagem do desenvolvimento da organização (DO) que começa com o comportamento no local de trabalho e considera o comportamento no curso como um elemento aprobativo e de subconjunto (mediador, habilitador).

7. Quanto mais alto o cargo que treinamos, mais difícil é a avaliação dos resultados. Funcionários em um nível baixo do quadro da organização são relativamente fáceis de avaliar. Os padrões do cargo e as expectativas são mais claras, mais quantitativas, mais observáveis. Mas conforme entramos em cargos profissionais e gerenciais, avaliar os resultados do treinamento torna-se mais difícil. Entretanto, em muitas instâncias o treinando e seu gerente levam a principal responsabilidade em fornecer ao instrutor *feedback* sobre a eficiência do treinamento. O papel do instrutor é ajudá-los a definir a eficiência mais em termos operacionais do que em classificações de relevância, oportunidade ou popularidade.

8. Há muitas perguntas a serem respondidas quando avaliamos. Frequentemente o instrutor carece de tempo, necessidade, ou tolerância do treinando para responder a todas elas. Deste modo, devemos decidir quais objetivos desejamos completar através da avaliação antes de decidirmos quais perguntas queremos responder. Nas perguntas a serem respondidas, quantas deverão ser formativas, quantas conclusivas e quantas correlativas.

9. Há cinco níveis na Escada de Abstração (veja o esquema no final do texto). Onde coletamos nossas informações de avaliação? Aonde deveríamos levar nossa leitura? Nossas informações vão variar de sólidas para infundadas, de fato para opinião, de experiências para abstrações, delas dependendo quão alto ou baixo da escada nós escolhemos avaliar. Na base está uma experiência concreta do cargo – desempenho no trabalho. Depois vem a simulação, onde classificamos o desempenho do próprio treinando. Depois, vem a avaliação da resposta do treinando para situações via *"case method"* ou análises de situações. Isso é frequentemente mais vicário do que pessoal. Depois vem a avaliação por outros – parceiros, chefe, subordinados, clientes. Finalmente, há abstrações verbais da realidade, quando os treinandos descrevem os procedimentos corretos e incorretos em resposta a perguntas e situações.

10. Nós não ignoramos 100% do que não sabemos. Talvez a maior lição a ser aprendida numa avaliação é a percepção de que nós sabemos o que sabemos, mas não sabemos o que não sabemos. Por essa razão, a avaliação por qualquer método que não seja de observação direta de informações sólidas na execução do trabalho será suspeita e incerta. Questionários, entrevistas e pesquisas de levantamentos são periféricos às questões centrais de avaliação. Podemos ver um desempenho aprimorado no cargo de modos objetivos e mensuráveis? Por isso o interesse atual em avaliações baseadas em competências e

em avaliações nas quais os treinados respondem mais a estímulos do mundo real do que a estímulos da sala de aula.

11. Os respondentes frequentemente dirão o que acham que você quer ouvir. Qualquer forma de levantamento (questionários, entrevistas) encara essa realidade. Assim, seus treinandos e seus gerentes acham fácil tomar o caminho de menor resistência e dão boas avaliações ao seu curso. É mais difícil ser objetivo e analítico ao avaliar um curso e seu impacto. As perguntas devem ser específicas, imparciais, e de dimensões ilimitadas o suficiente para acomodar uma completa extensão de classificações.

12. A avaliação deve render informações de custo e benéfico para a gerência sênior. Embora os gestores da educação empresarial estejam interessados em informações formativas e correlativas, os resultados de linha de base que a gerência sênior quer ver podem ser apresentados somente através de uma avaliação conclusiva. Esse é o mais difícil dos três tipos de avaliações, já que deve ser feita no local de trabalho onde a pessoa foi treinada e deve lidar com muitas restrições que afetam a transferência e o grau de retorno no investimento do treinamento.

A ESCADA DE ABSTRAÇÃO

ABSTRATO

Abstrações verbais,
autoavaliação

Avaliação por
stakeholders

Reação a
situações

Comportamento em
uma simulação

Comportamento
no trabalho

REAL

COMO CONSTRUIR UM MODELO DE AVALIAÇÃO DOS RESULTADOS EM TREINAMENTO E DESENVOLVIMENTO

— *"Você não pode medir o efeito do que eu faço.*
— *Por que não?*
— *É imponderável.*
— *Mas por que eu devo pagar por resultados imponderáveis?*
— *Porque eu fui treinado para fazer isto.*
— *Muito bem. Aqui está o seu dinheiro.*
— *Onde? Não o estou vendo.*
— *Claro ... é imponderável!*

(Atitudes favoráveis ao ensino.
Robert F. Mager, pág. 75, Globo)

Este diálogo é verdadeiro e já foi encetado muitas vezes e seguramente resultou em promissoras carreiras em Treinamento e Desenvolvimento encerradas de forma abrupta.

Temos diante de nós um grande desafio, muitas vezes renovado em eventos da área de Recursos Humanos, mas que não tem sido enfrentado na proporção da sua importância, perpetuando-se a lacuna no processo de T&D: a avaliação dos resultados. O desafio está em partir do discurso para a ação objetiva, encontrando soluções práticas e integrando estas soluções na rotina de operação dos programas de treinamento.

Como de resto, a repetição monocórdia de experiências e a mesmice, verdadeiros flagelos para o desenvolvimento de tecnologias, conspiram contra as possibilidades de se preencher esta lacuna e de propiciar, para as empresas, um mecanismo que lhes permita perceber, com clareza, aquilo que os gestores de T&D sabem fazer e que, de fato, fazem de positivo.

AFINAL: POR QUE NÃO SÃO AVALIADOS OS RESULTADOS DE T&D?

Tenho minhas respostas, algumas delas um tanto carregadas na ênfase, soando até de forma agressiva. Entretanto, estas respostas vieram de momentos de autocrítica ao longo da carreira e de um compromisso profundo com a prestação de serviços em alto grau de excelência. Por isso, não só posso, como devo ser preciso e conclusivo no ato de opinar, mesmo que possa parecer enfático demais.

Estas são as razões que, a meu ver, respondem ao questionamento que titula este trecho:

- não são muitos os técnicos de T&D que têm o devido preparo acadêmico, cultural e tecnológico para suprir as necessidades do cargo que ocupam;
- não são muitas, também, as empresas com a devida cultura para agasalhar a totalidade do processo de educação (falar em andragogia, nestas empresas, é um risco sério de não ser entendido...);
- não há tempo alocado nos projetos de treinamento para a fase de avaliação de resultados;
- não há tecnologia pronta, polivalente, fácil na sua aplicação, barata e 100% precisa, para ser sacada nos momentos (raros) em que se procura avaliar e validar os resultados de T&D;
- nem sempre os programas de treinamento têm um direcionamento técnico claro, carecendo de clareza nos seus

objetivos e de contornos que identifiquem o alcance pretendido.

Há, lamentavelmente, muita preguiça intelectual na área de T&D. Anos de rotina, somados ao hábito de buscar soluções prontas, que possam ser copiadas e aplicadas, bastando acionar o dedinho no botão que comanda a copiadora, trouxeram um atrofiamento das baterias intelectuais e o empobrecimento da disponibilidade tecnológica.

Concordo que a questão seja delicada. O desafio da avaliação de resultados, em que o subjetivismo, o intangível e o abstrato se combinam em múltiplas nuances, oferece um campo fascinante para a detonação da capacidade criativa e para a disposição de enfrentar o que terceiros disseram que não tem solução.

ONDE ESTÁ A TECNOLOGIA DE AVALIAÇÃO DE RESULTADOS DAS PRÁTICAS DE TREINAMENTO DE PESSOAL?

Está tanto na memória de informação (livros etc.), quanto na prática do dia a dia. Seria desejável que estivesse concentrada em manuais completos, com seus passos decompostos com detalhes e pronta para ser aplicada, mas o fato é que esta tecnologia se encontra diluída, exigindo um trabalho de combinação de fatores, em conformidade com cada situação de treinamento.

O gestor de T&D deve ser um gerador da sua própria bagagem tecnológica e dos recursos de aplicação. Desistindo da ilusão de sacar um "pacote" de medidas de avaliação do seu trabalho, o gestor de T&D terá como alternativa a criação do seu modelo, ou, pelo menos, do modelo que se aplica no momento e nas circunstâncias da empresa onde presta seus serviços especializados. Penso até, sem exageros, que ele deve ser um Consultor no seu próprio trabalho, elaborando soluções específicas para os casos de treinamento que são, quase sempre, específicos.

QUAL É A SAÍDA PARA O DRAMA DA AVALIAÇÃO DE RESULTADOS?

A mais cômoda é não fazer nada, alegando que "não há tempo", "não há recursos metodológicos" e outras justificativas vazias.

A mais trabalhosa (e gratificante, certamente) é partir para a elaboração de um modelo, com base nas situações e efeitos de realidade do momento e do tipo de trabalho que se pretende executar.

A seguir, ofereço uma alternativa para construir um modelo de avaliação dos resultados de projetos de treinamento, confiando que cada um será capaz de ampliá-lo, melhorá-lo e desenvolvê-lo até o nível de excelência máxima.

CONSTRUINDO O PRÓPRIO MODELO DE AVALIAÇÃO DE RESULTADOS

Vamos desdobrar a questão, utilizando o velho e nem por isso pouco eficaz método cartesiano: por partes, para chegar ao todo (alguns podem preferir o método de "Jack, o Estripador...")

PRIMEIRO PASSO: PREPARAÇÃO DO TERRENO E DA CULTURA

Há um princípio na Administração que reza: "Tudo o que começa mal, acaba mal." Sem dúvida, é preciso que se faça um trabalho de base, para começar corretamente o sistema de treinamento. Este trabalho de base é o adensamento da cultura da empresa, para melhor absorver a prática de T&D e exorcizar os seus fantasmas: mistificação, supervalorização e sacralização dos trabalhos que podem ser desenvolvidos pela área.

É recomendável que o gestor de T&D promova o seu trabalho à sombra de uma cultura favorável e ajustada para o pragmatismo, de forma que todos tenham um nítido compromisso no processo de treinamento. Assim, jamais iniciar um programa de treinamento, qualquer que seja, sem que se tenha ajustado as expectativas da empresa e dos treinandos naquilo que poderíamos chamar de "realidade tangível".

Organize uma reunião geral, envolvendo a direção da sua empresa, os futuros treinandos que serão os clientes do programa e, se for o caso, os superiores hierárquicos destes treinandos. Discuta, abertamente, os propósitos do programa, destacando os objetivos, e enfatize que a etapa de avaliação dos resultados ENVOLVERÁ A TODOS e que o seu papel, nesta etapa, será o de coordenação técnica.

Procure deixar claro, de forma irretocável, que a avaliação dos resultados do treinamento a ser efetuado é um trabalho integrado e que você precisará de todo o apoio para conduzi-lo de forma eficaz.

SEGUNDO PASSO: DESCREVER OS OBJETIVOS, OBJETIVAMENTE

Exercite-se na sutil arte de descrever objetivos para o processo de treinamento de pessoal. Há uma diferença enorme entre escrever frases bombásticas, lindas mesmo, a título de objetivo e a descrição precisa do estágio final a que se pretende chegar (definição clássica de objetivo, encontrável em qualquer obra séria sobre a Administração).

Tome cuidado: nunca incorpore adjetivos às frases que caracterizarão objetivos para o treinamento. Descreva, apenas, o comportamento que se tem em expectativa para o processo. Para ser mais completo, procure utilizar o recurso dos objetivos específicos, ou seja: cada comportamento que se tem em mira deve constituir-se em um objetivo descrito pormenorizadamente sem, contudo, os excessos verborrágicos costumeiros.

TERCEIRO PASSO: DESTACAR INDICADORES PARA OS OBJETIVOS

Indicadores são partículas dos objetivos. Isto quer dizer que são estágios menores de todo o processo que envolve um objetivo. Sua elaboração é muito simplificada, na medida em que se sabe exatamente onde chegar com a deflagração do programa de treinamento.

Estes indicadores são um produto natural da metodologia adotada na fase de diagnose das necessidades; se feita com cuidado e precisão, os indicadores emergirão naturalmente e fortalecerão o desdobramento dos objetivos.

QUARTO PASSO: DIVULGAÇÃO PLENA DOS OBJETIVOS

Assuma o risco de divulgar antecipadamente os seus compromissos. Este risco é saudável, de vez que mais intensamente pressiona nossa conduta no sentido de fazer um bom trabalho. Por outro lado, na medida em que houver esta divulgação e satisfeita a premissa descrita no primeiro passo, haverá um envolvimento maior no desafio de fazer funcionar o programa de treinamento e, mais tarde, no esforço de identificação das suas contribuições para o incremento da eficácia por via dos eventos de Treinamento e Desenvolvimento.

QUINTO PASSO: POLÍTICA E ESTRATÉGIA EM AÇÃO

O gestor de T&D deve ser, também, um bom estrategista. Ele deve trazer os seus "clientes" para o seu lado desde o momento da concepção do programa, fazendo-os sentir-se parte ativa de todo o processo e não apenas uma etapa a mais dele. Na fase de planejamento dos conteúdos, metodologia e recursos instrucionais, procure convocar a participação dos treinandos, deles colhendo as sugestões e impressões sobre detalhes do programa em construção.

A experiência prova que as pessoas tendem a envolver-se mais profundamente, na proporção em que participam do desenho das ações que virão a afetá-las mais tarde. E mais ainda: em termos de T&D, especialmente de profissionais de alto nível cultural, o envolvimento no planejamento sempre deságua numa participação mais ativa no programa propriamente dito e na permeabilidade para contribuir na fase de avaliação de resultados.

SEXTO PASSO: USANDO VELHAS TÉCNICAS DE FORMA NOVA

Da tecnologia educacional, podemos extrair o recurso da aplicação de pré-testes, e pós-testes, no sentido de avaliar a retenção de conhecimentos, este, por si só, um meio de avaliação poderoso mas pouco utilizado porque, segundo ouvi muitas vezes, "DÁ MUITO TRABALHO!". É espantoso ouvir, de alguém que se pretende técnico em T&D, uma heresia desta natureza.

Prepare uma bateria de testes de investigação cognitiva com base nos conteúdos do programa de treinamento; aplique-a no ensejo da abertura dos trabalhos e por ocasião do encerramento, divulgando os resultados com brevidade. Neste momento, você estará satisfazendo uma das premissas do processo e AVALIANDO RESULTADOS, embora no nível de retenção, pura e simples. Destes testes você poderá extrair dados e indicadores que serão abordados no seu relatório de finalização, como veremos adiante.

SÉTIMO PASSO: UM POUCO MAIS DAS VELHAS TÉCNICAS

Recorrer ao método da autoavaliação é um procedimento com sólida fundamentação científica. Quando o treinando é solicitado a avaliar-se, especialmente no que se refere ao progresso que experimentou pós-treinamento, a tendência é uma resposta séria, na maioria das vezes com forte senso de autocrítica, o que propicia a obtenção de informações valiosas para a composição do panorama de resultados das práticas de treinamento.

Em, no máximo, 30 dias após o programa de treinamento, distribua um questionário de autoavaliação, com as instruções para seu correto manuseio, marque uma reunião para consolidação e, nela, oriente os treinandos, discuta os detalhes, elimine as dúvidas e estimule a que trabalhem com vigor na investigação da sua evolução profissional.

Se, todavia, houver recusa dos treinandos para a autoavaliação ou perceber que têm dificuldades para fazê-la em conformidade com os parâmetros de eficácia, opte por uma destas alternativas:

a) desista e troque de empresa ou de carreira;
b) enfrente "as feras" e sensibilize-as para o que deve ser feito;
c) contorne as dificuldades dos treinandos e ajude-os a elaborar a autoavaliação, apelando para o trabalho em grupo, de forma estruturada, sob a sua direção técnica.

OITAVO PASSO: ENVOLVENDO ATIVAMENTE OS SUPERIORES

Este é o momento ideal para envolver, mais uma vez, o principal interessado (e responsável) na evolução do treinando. Convoque uma reunião ou faça uma série de entrevistas individualizadas com os superiores hierárquicos dos treinandos. Nesta ocasião, procure obter as suas impressões sobre o que aconteceu com os treinandos em seguida ao treinamento efetuado. Obtenha as impressões, anote-as com cuidado, verifique se são consistentes, torne a questionar; enfim, certifique-se de que estará obtendo o que é relevante e não apenas depoimentos vazios de conteúdo.

Se for possível, induza os superiores hierárquicos dos seus treinandos a que registrar suas opiniões sob forma escrita, para documentar este importante momento do seu trabalho.

NONO PASSO: PARE PARA PENSAR E PROCESSAR O QUE OBTEVE

Neste momento, seguramente seu acervo de informações estará bastante enriquecido. Assim, analise o que obteve. Comece a construir um relatório sintetizando os indicadores obtidos, destacando os depoimentos que concluem por resultados positivos, creditados ao programa de treinamento.

Integre os depoimentos dos superiores hierárquicos com aqueles que emergiram da fase de autoavaliação. Faça as justaposições, explorando as conclusões de mesmo teor e nelas fundamentando o resíduo positivo do seu trabalho. Se necessário, procure ser mais específico na investigação dos resultados do treinamento efetuado, levando os envolvidos a responder de forma objetiva ao questionamento: "QUAL A CONTRIBUIÇÃO EFETIVA DO PROGRAMA DE TREINAMENTO PARA A MELHORIA DA PERFORMANCE?"

Minha experiência na área de T&D indica que as pesquisas com relativa complexidade, como a de avaliação de resultados, devem ser feitas de forma diretiva, enquanto não houver uma cultura favorável e o consequente hábito de se fazer avaliações com racionalidade e precisão. O gestor de T&D deve ter em mente que ainda falta muito para que a extensão e a personalidade técnica do seu trabalho sejam compreendidas pelas demais pessoas na empresa.

Uma das alternativas é convocar a contribuição dos demais técnicos da área de Recursos Humanos para compor uma força-tarefa e viabilizar a prática da avaliação.

FALTA DE EXPERIÊNCIA

Se nunca teve a oportunidade de experimentar-se fazendo avaliação de treinamento, procure submeter-se ao aprendizado, desenvolvendo um projeto-piloto, para amadurecer suas percepções e habilidades neste sentido. Faça, primeiro, uma avaliação de um programa de menor porte e complexidade relativa; aprenda, com ele, a forma de elaborar o processo e parta para outras oportunidades.

FALTA DE BAGAGEM COGNITIVA PARA CONDUZIR O PROCESSO

Se lhe falta o repertório de conhecimentos teóricos sobre a administração da educação, sugiro que faça um investimento em si próprio, adquirindo as obras adiante e estudando-as com cuidado:

a) A FORMULAÇÃO DE OBJETIVOS DE ENSINO.
b) ANÁLISE DE OBJETIVOS.
c) ANÁLISE DE PROBLEMAS DE DESEMPENHO.

Estas obras são assinadas por Robert F. Mager e publicadas pela Editora Globo.

d) TAXIONOMIA DE OBJETIVOS EDUCACIONAIS — Domínio cognitivo;
e) TAXIONOMIA DE OBJETIVOS EDUCACIONAIS — Domínio afetivo.

Estas são de autoria de Benjamin S. Bloom e outros, e são publicadas pela Editora Globo.

f) AVALIAÇÃO EDUCACIONAL, de W. James Popham, Ed. Globo.

Estas obras são clássicos da moderna pedagogia e obrigatórias para o bom profissional de Treinamento e Desenvolvimento de Pessoal.

E COMO FICA A QUESTÃO DOS NÚMEROS?

De fato, é importante procurar demonstrar em números o alcance e os efeitos dos programas de treinamento, quaisquer que sejam.

Tangibilizar o intangível é perda de tempo, a não ser que o intangível não seja tão intangível como se propala. Confuso, não é?

Os profissionais de Treinamento e Desenvolvimento de Pessoal, diante das dificuldades de traduzir para a linguagem ***empresarial*** os resultados dos programas de treinamento, podem optar por um ou vários dos seguintes meios.

O importante é que seja recordado que, em se tratando de uma empresa, o que realmente vale é a contribuição: ***retorno do investimento, relação custo/benefício, valor agregado, ganho de dinheiro, prevenção de perdas etc.).***

Conquiste a confiança e o respeito dos seus treinandos e eles estarão dispostos a partilhar suas percepções com você, porque eles também têm interesses políticos e mercadológicos na divulgação da sua melhoria como profissionais de gerência.

a) Compare o custo de contratação no mercado, de profissionais prontos, em termos de competência e de potenciais, com os custos dos seus programas de treinamento; estes últimos sempre serão menores que os primeiros.

b) Articule-se, política e funcionalmente, com outras áreas da empresa, como por exemplo: Sistemas e Métodos, Finanças, Auditoria Interna. Com elas, você poderá assinalar importantes ganhos de produtividade, como efeitos das ações de T&D e incluí-los no relato do seu trabalho.

c) Compare os custos do seu trabalho gerencial com os de empresas de porte semelhante ao da sua e identifique indicadores da sua eficiência como administrador de recursos financeiros. Onde estão estas informações? Elas estão com nossos colegas de T&D. Investigue com eles, participe de grupos profissionais, tome a iniciativa de elaborar pesquisas. **SAIA DA SUA OSTRA!!!**

UMA PALAVRA FINAL

A avaliação das práticas de Treinamento e Desenvolvimento de Pessoal é, de fato, trabalhosa, desafiante e cansativa. Não há soluções prontas, do tipo "fácil, rápido e barato". Resta-nos o sabor e a gratificação intrínseca dos desafios, no instante em que partimos para gerar nossas próprias soluções e conduzi-las para a sustentação efetiva do nosso trabalho. Melhor momento para a adoção de uma estratégia de avaliação, como o que atravessamos, dificilmente teremos.

FERRAMENTAS PARA O TRABALHO

Checklist e melhores práticas do modelo de avaliação do treinamento

Análise do modelo	Checklist	Melhores Práticas
Análise do mapa organizacional	Obter a documentação existente na empresa, relativa a estrutura e processos organizacionais. Definir os processos e funções principais. Validar com as pessoas-chaves	A documentação mais bem preparada inclui diagramas organizacionais, quadro de pessoal, manuais de procedimento, guias de processos etc. Usar notas para para capturar e facilmente reorganizar os processos e as relações da empresa. Comparar os processos da documentação com os processos tal como realmente ocorrem.

Análise dos indicadores de desempenho	Identificar o resultado final da empresa e os indicadores estratégicos. Identificar os indicadores-chave de desempenho que impulsionam a estratégia da empresa Priorizar os indicadores.	As referências úteis incluem documentos de estratégia, marcadores e critérios de avaliação de desempenho. Coletar indicadores de: resultados empresariais, eficácia organizacional, processos de desempenho individual e da equipe. Identificar as porcentagens e indicadores financeiros com prioridade máxima. Utilizar os indicadores existentes sempre que possível. Garantir indicadores oportunos e precisos.
Análise da cadeia causal	Identificar o ponto de partida apropriado. Criar previamente uma cadeia de causalidade desde os resultados empresariais desejados até as ações potenciais de treinamento. Preencher as lacunas que envolvam outras pessoas. Obter *feedback* das pessoas-chave para garantir que você está usando uma lógica empresarial crível. Revisar e terminar a cadeia causal.	Usar um grupo pequeno de pessoas bem informadas que apontem diferentes perspectivas. As cadeias causais podem ser desenvolvidas a partir de uma necessidade da empresa ou de uma intervenção proposta. Entretanto, evite utilizar cadeias causais como justificativa para soluções preconcebidas. Não se preocupe se aparecerem lacunas na cadeia causal inicial; isto pode ser preenchido mais adiante. Revise a lógica da cadeia causal inicial, até que todos os membros da equipe estejam satisfeitos com ela.

Análise do custo/benefício do treinamento	Identificar os principais benefícios da ação do treinamento proposto para cada indicador. Quantificar os benefícios sempre que possível. Verificar a quantificação dos benefícios para que sejam precisos e confiáveis. Coletar dados sobre os custos da ação de treinamento proposta ou ações alternativas.	Incluir tanto os benefícios tangíveis como os intangíveis. Assegurar-se de que não são hipotéticos (por exemplo: a economia de tempo deve ter como consequência uma economia nos custos e não só recursos subutilizados). Usar benefícios estimados para a análise assistida e valores reais para a análise retrospectiva. Se os valores reais não estiverem disponíveis, utilizar estimativas. Usar estimativas conservadoras a fim de aumentar a credibilidade.
Análise do investimento no treinamento	Determinar o objetivo da análise. Selecionar o/os métodos(s) analíticos mais apropriados (por exemplo: ROI, taxa de retorno interno etc.) Utilizar o método analítico apropriado a fim de calcular as estatísticas do investimento.	Não hesitar em pedir ajuda de um analista financeiro. Desenvolver um quadro comparativo de investimento para descrever o valor relativo aos investimentos alternativos. Certificar-se de documentar todas as suposições feitas na análise e comprová-las a fim de estabelecer sua credibilidade.

DNT (DIAGNÓSTICO DAS NECESSIDADES DE TREINAMENTO: O COMEÇO DE TUDO, E DA AVALIAÇÃO DE RESULTADOS!)

O DNT é essencial para todo o processo de gestão da educação empresarial, em especial, muito especial mesmo, para a fase de avaliação dos resultados dos programas e ações realizados.

Nunca é demais lembrar: começou errado, a probabilidade de acabar também errado é bem próxima de 100%! Então, cabe ao profissional de gestão de T&D a responsabilidade pela construção de um modelo de trabalho no qual os imperativos das necessidades, consagrados por sua relevância, sejam os vetores para sustentar todas as fases seguintes do processo.

Assim, é importante que façamos uma revisão dos pontos-chave do DNT.

Há os seguintes pontos-chave a considerar, quando se objetiva construir em bases consistentes o DNT e seus desdobramentos no âmbito dos demais passos do processo de Desenvolvimento de Talentos Humanos (DTH). Estude-os cuidadosamente. Pondere sobre como cada um dos pontos-chave interfere ou deixa de interferir na realidade das operações da sua empresa. Depois, se for o caso, é tratar de modificar, melhorar, erradicar, inovar, o que vier a ser necessário para garantir a qualidade do seu processo de DNT.

DNT EM REGIME ANUAL É PERDA DE TEMPO!

Isso mesmo! Um ano inteiro é tempo demais para que sejam administradas as demandas das necessidades de capacitação e desenvolvimento das pessoas e da empresa como um todo. Por outro lado, tudo acontece tão rápido nos dias atuais (e futuros), que é uma temeridade aceitar a premissa de que se deva fazer o DNT apenas uma vez por ano.

O DNT deve ser feito em caráter permanente. O quadro executivo da empresa deve estar sempre avaliando seus colaboradores e as transformações por que passam não só as pessoas, como também os sistemas técnicos e administrativos da sua esfera de competência.

É preciso assumir a coragem de enfrentar os novos paradigmas. Dentre eles, há aquele que diz que "permanente, hoje em dia, só a mudança constante".

O ponto-chave aqui é: DNT anual não funciona mais. Portanto, o gestor de T&D deve identificar a periodicidade mais adequada para a sua empresa.

O DNT DEVE SER EFETUADO PELO GESTOR

O gestor de T&D apenas assessora o executivo da área, no sentido de que este conduza a operação de identificação das carências junto aos seus colaboradores e sistemas técnico e administrativo.

No passado, o DNT era inteiramente executado pelo gestor de T&D, o que mostrou ser ineficaz e uma equivocada invasão nas esferas de responsabilidades dos executivos: o treinamento e o desenvolvimento dos membros das suas equipes são da sua responsabilidade, para o que o gestor de T&D contribui enquanto especialista em educação empresarial.

LNT NÃO MAIS ATENDE OS NOVOS MODELOS DE GESTÃO DE T&D! O DIAGNÓSTICO É O CAMINHO

Explica-se: o *levantamento* das necessidades de treinamento remete a questão para o tradicional formulário, o qual incomoda os informantes e não contribui em nada para o processo de T&D, enquanto o *diagnóstico* das necessidades de treinamento fornece os subsídios desejados para as ações de treinamento: as carências e os porquês destas carências, representados, ambos, por números! Portanto, *levantar* é perguntar o que alguém "acha" que deva ser feito em T&D, enquanto *diagnosticar* é entender as relações de causas, efeitos e consequências das disfunções e problemas de competências das pessoas.

Há outra questão há muito levantada na comunidade de T&D e pouco entendida, em especial por aqueles que iniciaram suas carreiras nos últimos dez anos: há problemas que não são, definitivamente, tratáveis por treinamento! O especialista em modelos de gestão de RH, Marco Antonio Garcia de Oliveira, já defendia em seu Método ASPD (Análise e Solução de Problemas de Desempenho, Editora Atlas, 3ª edição, São Paulo), a tese de que "quando o comportamento desejado é diferente do comportamento real é porque existem causas que podem ser catalogadas em cinco grupos: não saber fazer, não ter orientação para fazer, não ter condições para fazer, a presença de consequências inadequadas e a falta de *feedback*.

Questões práticas sobre a formulação do citado autor:

a) Se a pessoa não tem a orientação do superior (como ele quer que seja feito o trabalho), treinamento vai levá-la a "sacar", " adivinhar"?
b) Se a pessoa tem um XT de 8 bits, impressora matricial de nove agulhas, pode apresentar o mesmo padrão de qualidade de um Pentium de 4 gigahertz, texto finalizado em Director e impresso em um equipamento de jato de cera, de altíssima definição? Treiná-la em práticas de úl-

tima geração e mantê-la operando em equipamento pré--jurássico resolverá o problema de desempenho?

c) E se a pessoa vier a ser punida pelo desempenho em alto nível, treiná-la vai resolver o problema do desempenho inferior como autodefesa? Exemplo: se a pessoa apresentar um desempenho superior, passa a suportar toda a carga de trabalho, compensando o mal desempenho dos colegas.
d) Se a pessoa não tiver o menor reconhecimento, seja psicológico ou material, treiná-la será uma medida sensata?

Ao que propôs Marco Antonio de Oliveira, permito-me acrescentar as seguintes questões:

a) Em climas de massacre emocional, como o que se verifica em muitas empresas que estão há anos em reestruturações, treinar as pessoas poderá dar certo?
b) Quando os cargos e responsabilidades estão indefinidos, confusos mesmo, dar treinamento para os seus ocupantes é uma medida sensata?
c) E quando a carreira da pessoa está em extinção (e ela sabe disso!), para que serve o treinamento que possa vir a receber?

Estas e muitas outras questões podem pavimentar muito bem o caminho para a gestão de T&D em bases profissionalizadas e regidas pelas perspectivas (e compromissos) de resultados.

Em resumo: é essencial que se faça a distinção entre os problemas organizacionais e humanos que possam ser ou não tratáveis por T&D.

DNT SOB O ENFOQUE DA AÇÃO DE CONSULTORIA: A ESTRATÉGIA PARA DISTINGUIR O QUE SEJA PASSÍVEL OU NÃO DE SOLUÇÃO POR VIA DO TREINAMENTO

Na fase de diagnose das necessidades de treinamento, o gestor de T&D deve adotar uma postura que combina elementos de uma auditoria com outros típicos de consultoria, o que o levará a ser mais arguto e lúcido em suas percepções. Em face disso, o gestor de T&D poderá obter os indicadores do que está motivando a ação de treinamento, indicadores estes que, mais tarde, serão os parâmetros da pesquisa de resultados pós-treinamento.

Se não se dispuser de indicadores, logo na fase que antecede a construção dos programas de treinamento, não será possível avaliar absolutamente nada!

Nesse sentido, o gestor de T&D deve INSTRUMENTALIZAR e METODIZAR o seu trabalho, por meio de um *check-list* para que possa rastrear o desdobramento das relações de:

causa
efeito
consequências

Causas

Pesquisar, junto ao cliente interno, as origens das disfunções e problemas para os quais demanda as ações de treinamento. Uma série de perguntas, elaboradas previamente, ajudarão a, progressivamente, "arrancar" do cliente interno as informações que permitirão ao gestor de T&D melhor entender a situação e colher os subsídios essenciais para o planejamento e a execução das medidas de treinamento.

É a fase na qual o gestor de T&D poderá distinguir as causas reais daquelas supostas ou aparentes, conforme a visão do cliente interno.

Efeitos

Em seguida, sobre cada causa apurada, o gestor de T&D deve detalhar a sua compreensão a respeito do que aconteceu em face das causas: números indicadores, fatos, percepções, opiniões e tudo o mais que acrescente um dado àquilo que, até então, tenha obtido do cliente interno. Nesta fase, quase sempre, é que são descobertos os vetores mais sólidos para o planejamento do treinamento e suas estratégias seguintes.

Consequências

Reunidas as informações das fases anteriores, o gestor de T&D deve analisá-las por algum tempo e, depois, em entrevista com o cliente interno, fazer-lhe a clássica pergunta: "O que aconteceu de errado ou o que não aconteceu e que deveria ter acontecido por causa deste cenário de causas e efeitos?" As respostas que obtiver serão os sinalizadores definitivos para nortear as ações de treinamento que virão a seguir. E, também, serão o referencial principal para a medida de resultados, uma vez que estes só serão aceitos como tal na medida em que eliminarem ou minimizarem as consequências, porque foram mudados os comportamentos que as provocaram.

Uma recomendação importante: para ganhar tempo e enriquecer os trabalhos, por causa da sinergia, o gestor de T&D deve procurar fazer suas pesquisas de diagnose em grupos, com alguns clientes internos atuando sob sua estimulação e, por intermédio da troca de ideias, produzindo bons resultados.

A seguir estão ordenados os procedimentos para o enfoque de Consultoria na estratégia de diagnóstico das necessidades de treinamento.

PLANEJAMENTO DA AÇÃO EM CAMPO DO GESTOR DE TREINAMENTO E DESENVOLVIMENTO, ENQUANTO CONSULTOR INTERNO
CRITÉRIOS PARA DEFINIR OS PROCEDIMENTOS DE DIAGNOSE

Esclarecimento inicial

A ação do gestor de T&D, por definição e pela experiência acumulada, jamais é uma repetição de procedimentos. Não há padrão rígido, porque Consultoria é processo, e não uma técnica. Enquanto processo, a ação de consultoria interna deve ser desenhada em sintonia precisa com o perfil da demanda (a expectativa do Cliente Interno). Isto significa que o gestor de T&D, assim que identificar a demanda do CI, deve arquitetar a estratégia, os instrumentos, a metodologia e a alocação de tempo no sentido do atendimento.

É fundamental que este princípio fundamental seja observado pelo Gestor de T&D. Aqui não cabe opinião pessoal ou posturas semelhantes ao equivocado "eu acho...".

DESDOBRAMENTO DO PROCESSO DE ARQUITETURA

Primeiro passo
Estudo e interpretação da demanda do Cliente Interno

Antes de mais nada, o gestor de T&D deve obter do seu cliente uma visão panorâmica a respeito da sua demanda: o que quer, quais os porquês e como chegou a estas percepções. Em seguida, o gestor de T&D deve analisar o quadro fornecido pelo CI e procurar obter mais dados e informações na proporção da sua necessidade de melhor compreender qual é a demanda do CI.

Segundo passo
Projeção do tempo alocável ao processo e construção de agenda

Obtidas as informações sobre a demanda do CI, o gestor de T&D deve fazer uma projeção (uma estimativa) de quanto tempo deverá alocar na fase de prospecção e diagnóstico. Esta projeção é um exercício de pensamento racional, combinado com o tradicional bom senso: uma estimativa não é um "chute calculado", mas uma visão que se projeta na dimensão temporal, a partir da experiência do profissional de consultoria, no caso. Finalmente, um cronograma deve ser elaborado, em conformidade com a agenda geral.

Terceiro passo
Decisão sobre a forma de entrevistar o CI e sua equipe de colaboradores

A partir do quadro de demandas do CI, o gestor de T&D deve decidir se seus contatos no âmbito do CI serão individuais, em grupos, combinando entrevistas individuais e grupais e, se for o caso, por amostragem.

A decisão nesse sentido não segue uma regra geral. Seja individualmente ou em grupos, o processo de pesquisa local sempre será positivo, na medida em que o julgamento do gestor de T&D sinalizar que, dada a complexidade do trabalho em si, venha a ser melhor ou não optar por uma ou outra forma.

Individualmente, a exploração de dados e informações tende a ser verticalizada, chegando ao nível de detalhes, enquanto a ação em grupos possibilita a provocação da sinergia (as pessoas estimulando-se e trocando impressões e percepções).

Quarto passo
Construção do instrumental para a ação de diagnose local

O *check-list* básico pode vir a ser o instrumento para uma dada demanda do CI. Caso ele não atenda às especificidades de momento, o gestor de T&D deve produzir um outro *check-list*. Para tanto, basta listar as perguntas que acredita devam ser feitas e, em seguida, ordená-las segundo um critério de blocos e sequência.

Blocos são a fusão de perguntas sobre um mesmo tema ou parcela do processo que se objetiva diagnosticar, enquanto a sequenciação favorece muito o desdobramento racional e progressivo do questionamento.

A experiência em Consultoria Organizacional indica que o sistema de perguntas abertas é mais produtivo. Perguntas abertas são aquelas que estimulam e contemplam respostas amplas, dissertativas, que ilustram o que realmente sente e pensa o perguntado. Perguntas que só permitem alternativas de respostas com um simples "sim" ou "não" dificilmente poderão ajudar o gestor de T&D quanto ao seu perfeito entendimento a respeito do que se passa no âmbito do CI.

Se a decisão do gestor de T&D derivar para a diagnose em grupo, ele deve organizar a reunião, preparando uma pauta geral e distribuindo-a previamente para todos os que dela participarão. A distribuição prévia favorece a reflexão por parte daqueles que serão os pesquisados, dando-lhes tempo, inclusive e principalmente, para coletar dados e informações, se assim vier a ser solicitado pelo gestor de T&D.

Outro procedimento que pode ser acionado pelo gestor de T&D, em termos da instrumentalização da pesquisa e da diagnose, é a solicitação de que os pesquisados façam, eles próprios, um relato por escrito das suas impressões sobre o assunto da pesquisa (a demanda da intervenção do gestor de T&D). Será útil, também, que eles desenhem o fluxo do trabalho e que acrescentem amostras dos meios e recursos usuais, se couberem, naturalmente.

Este procedimento permite que o pesquisado faça apreciações críticas e mesmo destaque aquilo que entende como problemas, disfunções, desvios, erros, perdas, não conformidades etc.

Quinto passo
Observação local

Pode vir a ser necessária a adoção da metodologia de acompanhamento local junto à equipe do CI. Nesse caso, o instrumento de diagnose será a competência de observação e a postura analítica do gestor de T&D.

Muitas vezes, o CI não sabe o que está acontecendo, realmente, em sua área; apenas sabe (ou tem a sensação) de que existe algo errado. Nesse caso, justifica-se plenamente a observação local. Será a oportunidade em que o gestor de T&D começará sua prestação de serviços da base zero, descobrindo os primeiros indícios de problemas e, sucessivamente, os demais, até chegar à cobertura completa.

A observação local exige:

- atenção concentrada
- foco em detalhes
- habilidade para perguntar
- saber ouvir com muita atenção
- paciência para conviver com queixas, reclamações e semelhantes
- habilidade para conquistar a confiança das pessoas
- memórias visual e auditiva acentuadas
- material apropriado para o registro das impressões e dados obtidos

CHECK-LIST PARA O LEVANTAMENTO E A DIAGNOSE DAS NECESSIDADES DE TREINAMENTO (ENFOQUE DE CONSULTORIA INTERNA)

Aplicabilidade do instrumento: em todas as situações caracterizadas pela necessidade de prospecção das relações causa/efeito/consequências, tendo em vista a identificação e o desenho de soluções (medidas preventivas, corretivas, de inovação e que demandem ações de treinamento de pessoal, além de outras a depender do contexto).

O gestor de T&D deve ter este *check-list* como uma plataforma para metodizar o seu trabalho, e jamais como um procedimento-padrão, com aplicação uniforme em todas as demandas apresentadas pelo cliente interno (CI).

DIMENSÃO CAUSAS

1- Montar um fluxo da rotina, do padrão ou dos comportamentos desejados no universo da pesquisa. Neste sentido, recomenda-se que o gestor de T&D inicialmente mostre para o CI a importância de se ter uma visão sistêmica do processo que se tem como meta de trabalho.

2- Discutir, para entender, cada passo do fluxo, do padrão, da rotina ou do comportamento desejado. Se necessário, ajude o CI a descrever o que espera dos seus colaboradores ou do seu sistema de trabalho. A todo momento o gestor de T&D deve ajudar o CI com perguntas estimuladoras.

3- Obter do CI, uma descrição do agente causador (original) do alvo da pesquisa. Isto significa: o gestor de T&D deve "arrancar" do CI a sua visão e versão do que ele próprio entende como uma situação-problema ou qualquer disfunção.

4- Colher, junto ao CI, sua impressão pessoal sobre a fonte original do problema ou da não conformidade.

5- Identificar, em consenso com o CI quem da equipe está diretamente envolvido na causa-alvo da pesquisa. Neste momento, o gestor de T&D deve localizar as pessoas mencionadas pelo CI no contexto e detalhes do fluxo levantado no passo 1.

6- Descrever, objetivamente, a causa identificada, sem avançar para o campo dos seus efeitos e sem emitir qualquer juízo de valor ou opinião. Ao fazê-lo, o gestor de

T&D deve registrar por escrito a sua percepção, preferencialmente obtendo a concordância do CI.

7- Retornar ao fluxo levantado e, nele, localizar os pontos que podem ser entendidos como fatos geradores da causa-alvo. Checar estes dados com o CI. É fundamental para o gestor de T&D e, por consequência, para a qualidade dos serviços que presta para o seu CI, que checagens rigorosas sejam feitas nesta etapa.

8- Procurar identificar com o CI se cada ponto apurado vem a ser uma variável controlável ou não controlável. Se ele tiver dificuldade para entender o que venha a ser uma ou outra, o gestor de T&D deve ilustrar, exemplificar e ajudar o CI para que este possa pronunciar-se com segurança.

9- Neste ponto é recomendável a aplicação do Diagrama de Ishikawa, para melhor diagnosticar as origens reais do problema ou da não conformidade. Se estiver diante de mais de uma causa, o gestor de T&D deve compor um diagrama para cada uma.

10- Concluir esta fase da pesquisa elencando as causas, descrevendo-as objetivamente. Este procedimento é a primeira parte do relatório de diagnose de situação a ser, mais tarde, elaborado pelo gestor de T&D.

DIMENSÃO EFEITOS

1- Descreva, sempre em conjunto com o CI, os efeitos de cada causa-alvo, cuidando em não discutir mérito. Portanto, nada de questionar, contestar ou duvidar do relato do CI. Não é o momento adequado!

2- Discutir, pormenorizadamente com o CI, cada efeito levantado, de modo que suas características fiquem devidamente claras e compreensíveis.

3- Em trabalho conjunto com o CI, colocar os efeitos apurados em ordem cronológica. O gestor de T&D deve assessorar o CI no sentido de que este possa disciplinar suas reflexões e que as coloque no sentido e na ordem do seu desdobramento.

4- Reorganizar a lista dos efeitos, do primeiro ao último (trata-se da clássica e necessária ação de "passar a limpo"). Se algo não ficar claro, deve-se retornar ao CI e ajustar as eventuais dificuldades.

5- Fazer a checagem final dos efeitos listados em discussão com o CI. Este é o momento adequado para os questionamentos, porém sempre com o objetivo de ajudar o CI quanto à identificação precisa dos efeitos.

6- Retornar a cada efeito e questionar junto ao CI a respeito da possibilidade de que possam ou não estar acarretando subprodutos ou, como poderíamos também chamar, "subefeitos".

7- Sobre cada efeito, procurar identificar suas reais origens com base no Diagrama de Ishikawa elaborado na dimensão CAUSAS.

8- Descrever, objetivamente, todos os efeitos apurados até esta fase dos trabalhos.

9- Destacar, em cada efeito, a eventualidade de que possa estar interferindo significativamente na performance de fornecedores e clientes internos do CI.

10- Resumir a listagem dos efeitos, finalizando sua descrição.

DIMENSÃO CONSEQUÊNCIAS

1- Como o CI habitualmente reconhece as consequências dos efeitos? Por observação? Por acompanhamento sistemático? Por análises de situações assim que estas se manifestam? Por informação da própria equipe ou de terceiros? Por via de um processo sistemático e sistêmico de acompanhamento e avaliação? Outra forma (qual)?

2- Como o CI se certifica da autenticidade das consequências? Como checa o que é verdadeiro em comparação ao que parece sê-lo?

3- As consequências têm sido objeto de queixas ou reclamações por parte dos clientes internos? Em caso positivo, como estas queixas e reclamações são apresentadas e para quem na empresa?

4- Eventualmente, estas consequências são objeto de queixas ou quaisquer formas de insatisfação por parte dos clientes externos da empresa?

5- Quais são os indicadores tangíveis que caracterizam as consequências e como são obtidos pelo CI?

6- Quais são os indicadores intangíveis, porém consistentes, das consequências e como são obtidos?

7- Quais são as tendências — por indicador — de manter-se ou ampliar seus níveis atuais?

8- É possível alocar custo para estas consequências, para cada um dos seus indicadores? Caso positivo, como são apurados e, importante, como são documentados? Caso negativo, qual é a dificuldade enfrentada pelo CI no sentido da obtenção dos dados sobre estes custos?

9- Existe um padrão ou há especificações para que sejam utilizados como referenciais para que se possa entender como "normal", referenciais, no que se refere aos números de custos?

10- É possível identificar subprodutos de cada uma das consequências identificadas? Quais são e como podem ser verificados?

DIAGNÓSTICO DO GESTOR DE T&D

Procedimento

Descrever as conclusões sobre a análise das três dimensões de prospecção. Nesta oportunidade, registrar seu parecer final: o que está acontecendo, como se manifesta enquanto perda ou não ganho para a empresa e os dados que delimitam o fato pesquisado.

Em seguida, construir e apresentar a solução recomendada, independentemente se de responsabilidade desta ou daquela área da empresa. É importante que a solução recomendada seja regida pelo critério de prioridade (da absolutamente prioritária àquela menos prioritária, porém importante no que se refere aos interesses da empresa).

O parecer do gestor de T&D deve ser um exercício de precisão, concisão e clareza. Ele deve destacar o que obteve, como obteve, a que conclusão chegou e com que fundamentos e finalizar seu arrazoado com a solução ou conjunto de soluções que acredita ser aplicáveis.

Não esquecer de obter uma concordância do CI sobre seu parecer final, com exceção daquelas situações que impliquem intervenções especiais ou salvo instruções contrárias.

COMO OBTER OS INDICADORES DAS CONSEQUÊNCIAS APURADAS

INTRODUÇÃO

Os indicadores das carências (necessidades) de treinamento constituem-se na mais desafiante dificuldade para os gestores de T&D. Sabe-se que, por ocasião do LNT, tradicionalmente (e aí está o grande equívoco) o que se obtém é uma série de generalizações, a par de carências que na verdade refletem os problemas estruturais, culturais e situacionais da empresa.

No mais das vezes, o que se observa é uma enorme dificuldade do cliente interno para destacar, dissociar e até associar ***causa e consequência***, de modo que fique suficientemente claro o que deverá ser feito pelo treinamento com vistas ao tratamento, no âmbito das suas reais possibilidades, daquilo a que genericamente se denomina uma ***carência***.

Face ao exposto, a alternativa é a prospecção da dinâmica ***causa/efeito*** das situações entendidas como carências, o que remete a atenção do gestor de T&D para um trabalho minucioso de verticalização da pesquisa das necessidades de treinamento.

Nesse sentido, o caminho é um só: levar a que o cliente interno perceba a extensão das suas peculiaridades e saiba, com a precisão possível, ilustrar as necessidades que aponta. Ilustrar significa, no caso, referendar a informação com base em dados que caracterizem a sua extensão, os porquês que a envolvem, quando e como emerge e sobretudo o que acontece na sequência dos fatos.

Resumindo: prospectar os indicadores das carências é um trabalho que deve ser **realizado em conjunto com o cliente interno**, cabendo ao gestor de T&D a missão de estimular, instigar, assessorar, apoiar a interpretação, verificar a autenticidade dos dados, questionar sua validade, reduzir os exageros, desmistificar e tudo o mais que possa assegurar a clareza, a objetividade e a consistência de cada informação por ocasião do levantamento e da diagnose das necessidades de treinamento e desenvolvimento.

TREINAMENTO COM OBJETIVOS DE ORDEM COGNITIVA

Recordando: um treinamento com objetivo cognitivo é aquele que visa a transferir conhecimentos conceituais e teóricos (cognição).

A medida de seu resultado é uma delimitação do que a bagagem cognitiva recebida e assimilada efetivamente ***agregou valor*** ao treinando. Por agregar valor nesse contexto devemos entender: o treinando mais apto quanto ao exercício do seu papel. Exemplificando: a partir de um curso sobre Análise de Problemas e Tomada de Decisões, o treinando passou a sentir-se mais seguro diante das demandas decisionais, a estas respondendo de forma mais racional. O que nos interessa identificar é o quanto este novo estágio de ***saber fazer*** repercutiu na performance do treinando.

A pesquisa de repercussão na performance do treinando passa pelo seguinte desdobramento:

Passo 1: Em que estágio se encontrava o desempenho do treinando antes do treinamento?

A resposta para essa questão pode ser obtida em conformidade com os dados do DNT, ocasião em que — idealmente — o referencial de carências mostre a dificuldade eventual do treinando no manejo da situação objeto do programa de treinamento.

Para identificar os indicadores deste estágio você deve obter esta informação do cliente interno, solicitando que descreva um perfil do desempenho do treinando, destacando fatos e dados que possam caracterizar a realidade.

Passo 2: As condições para o exercício do papel do treinando mantiveram-se as mesmas após o treinamento recebido?

É preciso que se saiba se houve ou não alteração nas condições gerais que emolduram o posto de trabalho do treinando. Questione junto ao Cliente Interno este pormenor, porque é essencial que se analisem as condições que atuavam como uma espécie de "pano de fundo" para o desempenho do treinando.

Passo 3: O que aconteceu na performance do treinando após o treinamento de que tenha participado?

É o momento em que o gestor de T&D deve obter do treinando a sua percepção a respeito de como esteja (ou não) mais bem preparado para o exercício do cargo. No mais das vezes, desde que o programa de treinamento tenha sido adequadamente elaborado e implementado, há um avanço, um adensamento na bagagem cognitiva, visível para o treinando na medida em que ele venha a ser estimulado a perceber (tarefa para o gestor de T&D). Então, trata-se da medida prática de inquirir, perguntar, ajudar a explorar e a descobrir este novo estágio de aprontamento para o exercício do cargo.

Passo 4: Quais foram os reflexos no trabalho e na performance?

A única forma para a descoberta dos reflexos é a pesquisa dirigida, ou seja: é preciso questionar o treinando e junto com ele rastrear os ganhos, os incrementos, as melhorias, enfim, o que aconteceu EM FUNÇÃO DO QUE TENHA APLICADO DO CONTEÚDO DO TREINAMENTO RECEBIDO. A experiência mostra claramente que as pessoas não têm a devida consciência das suas melhorias de desempenho "creditáveis" ao processo de treinamento. Então, o que resta ao gestor de T&D? Ajudar o CI a descobrir e a sensibilizar-se a respeito das próprias melhorias pós-treinamento! Nessa pesquisa, um fascinante trabalho de consultoria em alto nível de perspicácia, cabe ao gestor de T&D a tarefa de rastrear os fatos e ir montando um cenário indicador do que tenha acontecido de forma mensurável. Perguntas abertas, combinadas com perguntas fechadas, **fatalmente** deverão conduzir a percepção de ambos (CI e o gestor de T&D) para o desdobramento e para os detalhes dos ganhos de desempenho pós-treinamento.

Prova disso: em um sentido inverso, é como as empresas de consultoria especializadas em reengenharia e/ou racionalização (argh!) vêm ganhando fortunas e deverão continuar assim por muito tempo! O trabalho dos seus consultores é, resumidamente falando, um paciente e meticuloso conjunto de procedimentos de detecção de informações que ilustrem onde estão as perdas, o retrabalho, a duplicidade de funções, a dispersão de esforços, as perdas por desperdícios, imperícia e/ou negligência.

RESUMINDO...

Para que possamos identificar os resultados do treinamento com base cognitiva, devemos pesquisar junto ao cliente interno e junto ao treinando, nesse caso utilizando o sempre produtivo recurso da autoavaliação, o que aconteceu após o treinamento que possa ser creditado ao incremento da bagagem cognitiva. A tradicional medida de assimilação (provas e testes), embora nada tenha de errado, não satisfaz a perspectiva de resultados e enfrenta a resistência das pessoas que não confiam no que se fará com os testes e provas, assim como carregam consigo uma espécie de "herança" de rejeição.

Na medida em que o gestor de T&D estiver atuando como um pesquisador, colhendo informações no campo e compondo-as em um cenário que leve a conclusões fundamentadas, o processo de avaliação de resultados desse tipo de treinamento será uma realidade.

TREINAMENTO COM OBJETIVOS DE ORDEM AFETIVO-EMOCIONAL

Já que estamos tratando de emoções, sentimentos e percepções, portanto dificilmente mensuráveis com base em padrões ou critérios que possam ser definidos no contexto da precisão, devemos, mais uma vez, recordar que o que nos interessa — e à empresa, naturalmente –, é saber o que aconteceu com o treinando a partir do treinamento que tenha recebido.

Justifica-se a pergunta: o que motivou o treinamento? A partir daí é que se deve dar início à prospecção de informações que indiquem mudanças de comportamentos e seus reflexos no âmbito geral do trabalho. Mais ainda: aquilo que tenha justificado a aplicação do treinamento está fundamentado nos "porquês", idealmente atrelado a dados indicadores?

Tomemos, pois, como base para a prospecção de resultados desse tipo de treinamento as razões que o motivaram. É preciso que se enfoquem as causas e as consequências do que foi assumido como uma carência de treinamento e, aí sim, dar início ao processo de identificação dos retornos.

PASSO 1: APLICAR UMA PESQUISA INSTRUMENTADA

Um formulário bem montado, com questões preferencialmente dissertativas, costuma ser um excelente mobilizador das atenções a respeito dos efeitos do treinamento com base afetiva-emocional. Sua principal contribuição é metodizar o raciocínio do cliente interno e do treinando (autoavaliação!), além de estimular adequadamente suas percepções a respeito dos efeitos do treinamento, as quais, quase sempre, se perdem no terreno das incertezas e da falta de hábito no sentido do autoconhecimento. O formulário, a despeito das muitas críticas que recebe costumeiramente, é um instrumento valioso, desde que utilizado no contexto restrito das suas possibilidades: levantar dados e jamais ser entendido como um preciso recurso de medida.

PASSO 2 : COLHER E ESTUDAR AS INFORMAÇÕES OBTIDAS

Uma vez recolhidos os formulários de pesquisa, o que se deve fazer é uma consolidação dos dados e sobre eles aplicar algum tempo de análise e de reflexão, para que se possam extrair as próximas linhas de prospecção dos resultados.

Geralmente, os formulários registram muitas generalizações e divagações, o que não compromete o seu valor enquanto um veículo para obtenção de informações. O gestor de T&D deve analisar todos os formulários e deles destacar campos de pesquisa para a fase seguinte do processo.

É importante que o gestor de T&D entenda os formulários não como um fim em si, mas como um meio para se obter informações ou, pelo menos, para sinalizar um caminho que possa levar até elas. Um formulário que é simplesmente "jogado" sobre as pessoas na empresa, geralmente muito ocupadas, enfrentando a jornada de trabalho, é um erro lamentável e que costuma resultar em graves perdas para a imagem de quem os "cometeu".

Por exemplo: se o cliente interno e/ou o treinando registraram no formulário que "experimentou-se uma melhoria no desempenho após o treinamento recebido", esse dado deve ser utilizado como fonte para a investigação por ocasião do passo seguinte.

PASSO 3: ENTREVISTAS COM CLIENTES INTERNOS/ TREINANDOS

Seja individualmente ou em grupos, a entrevista com clientes internos e/ou treinandos funciona como um poderoso agente de pesquisa e descoberta de dados e informações. Bem conduzida pelo gestor de T&D, uma entrevista favorece a sinergia entre as pessoas que dela participam e, no final, fornece um riquíssimo cenário com indicadores do que aconteceu no chamado pós-treinamento.

Nessa oportunidade, o gestor de T&D deve propor tantas perguntas quanto necessárias para que os participantes da reunião relatem, ***com detalhes*** as suas experiências, vivências, transformações e demais situações pós-treinamento, as quais consensuem como "creditáveis" àquilo aprendido por ocasião do treinamento.

RESUMINDO...

Enquanto mantivermos a postura de que "é muito difícil, complicado, fazer uma avaliação de resultados do treinamento afetivo-emocional", certamente estaremos como que "patinando": fazemos um bom trabalho, mas não conseguimos mostrar sua extensão e seus valores.

Os clientes internos e os treinandos devem ser ativamente envolvidos no processo de que são a parte mais importante. Eles, e apenas eles, sabem e sentem os efeitos positivos do treinamento recebido, mas quase sempre desconhecem as formas de manifestar estas percepções, guardando-as e "arquivando-as" nas memórias imediatas, perdendo-as com o passar do tempo. Enquanto isso, o gestor de T&D é cobrado: "e os resultados, onde estão? quais foram? onde estão os retornos dos investimentos?"

TREINAMENTO COM OBJETIVO DE ORDEM SENSORIAL/MOTRIZ

Por sua própria natureza, esse tipo de treinamento favorece bastante a pesquisa de resultados. Partindo do pressuposto de que um comportamento sensorial/motriz é tangibilizável, temos, pois, o principal referencial de medida: a comparação antes e depois do treinamento efetuado.

O gestor de T&D deve cuidar para que disponha de informações sobre os aspectos concretos da carência que justificou a realização do treinamento: qual o padrão ou o nível de excelência desejado e qual o patamar de desempenho do treinável. A diferença entre um e outro dado é o próprio objetivo do treinamento e, consequentemente, a essência do trabalho.

Na fase de avaliação de resultados, a medida é nitidamente numérica: salvaguardadas as condições essenciais para a demonstração do comportamento esperado, em conformidade com os demais detalhes de ordem técnica, a depender da natureza do trabalho, o treinando amadureceu o seu domínio e, portanto, mostrou mudanças para melhor em seu comportamento pós-treinamento?

Mais uma vez, temos a situação de consultoria interna, felizmente uma estratégia que vem tomando conta dos valores e atitudes dos profissionais de RH em geral e de T&D em particular: o trabalho de avaliação de resultados desse tipo de treinamento consiste em efetuar as medidas do perfil de desempenho ***antes*** e ***depois*** do evento de treinamento, em um trabalho em parceria com o cliente interno e demais áreas da empresa envolvidas no processo.

Cabe ao gestor de T&D atuar como "interface" entre o cliente interno/treinando e as demais pessoas, no sentido de elaboração, ajuste e aplicação do processo de medida.

COLETÂNEA DE TÉCNICAS PARA AVALIAÇÃO DE RESULTADOS EM TREINAMENTO E DESENVOLVIMENTO

RECOMENDAÇÕES INICIAIS

- Todas as técnicas sugeridas no texto a seguir foram aplicadas em diversas situações práticas. Nessas ocasiões, cuidou-se em ajustá-las às características e demandas de cada empresa, assim como aos aspectos singulares dos projetos de T&D e notadamente em face dos perfis do público-alvo de cada evento.
- Entretanto, antes de buscar sua aplicação, o gestor de T&D deve considerar os seguintes pontos:
- Nenhuma delas é uma técnica definitiva. A aplicação de cada uma dependerá essencialmente dos contornos de cada situação de treinamento. Provavelmente, ao ensejo da aplicação de cada uma, o gestor de T&D deverá ter que proceder à "sintonia fina" da técnica ao objeto da sua pesquisa de resultados.
- Todas as técnicas sugeridas exigem um trabalho cuidadoso de preparação das pessoas que, através delas, estarão contribuindo na fase de prospecção dos resultados dos investimentos em T&D. Vale dizer que cada aplicação deverá ser precedida pelo preparo de todas as pessoas envolvidas no que tange à clara compreensão dos desdobramentos da aplicação.
- A experiência tem mostrado que o envolvimento ativo do treinando e dos seus superiores hierárquicos é funda-

mental para a fase de avaliação dos resultados em T&D. Portanto, não hesite em envolvê-los. Sensibilize-os, instrumente-os e assista-os durante todo o processo.

- **Não confie em formulários exclusivamente**. Ninguém responde aos formulários com 100% de precisão e isenção. Os formulários devem ser entendidos como fontes geradoras de subsídios e um recurso a mais com que pode contar o gestor de T&D.
- Prospectar, avaliar e validar resultados em T&D mobilizando-se as reuniões grupais como veículo é um imperativo. Funcionam (e bem), enriquecem substancialmente os trabalhos e viabilizam para o gestor de T&D a oportunidade de contar com a sinergia grupal.

TÉCNICAS DE AVALIAÇÃO DO TREINAMENTO

Segundo Donald L. Kirkpatrick (*Evaluating Training Programs - The Four Levels, Berret-Koehler Publishers*, San Francisco, CA, EUA, 1994), os resultados dos projetos de treinamento devem ser prospectados em quatro fases:

1) Avaliação da Reação
2) Avaliação da Aprendizagem
3) Avaliação da Mudança de Comportamento
4) Avaliação dos Resultados

Cada fase é uma fonte de informações que devem ser cotejadas e compostas, para uma conclusão final. Idealmente, as fases devem ser mobilizadas, sem exceção, embora, no caso da cultura de gestão de RH e gerencial brasileira, algumas dificuldades possam interferir negativamente e afetar a necessária aplicação sistêmica.

Antes de prosseguir: o que é, afinal, a aplicação sistêmica do processo de avaliação de resultados dos projetos de treinamento? Seu conceito em nada difere do que se entende por sistema: ***conjunto de partes interdependentes que interagem entre si, tendo em vista um resultado previsível e controlável***.

Uma pequena analogia para melhor entender a visão sistêmica: imagine uma cadeira com quatro pernas, das quais uma é retirada. A pessoa até pode sentar-se nela, mas jamais com conforto e segurança! Imagine se outra perna e mais outra é retirada: deixa de ser uma cadeira, não é? Pois então: a visão sistêmica contempla o funcionamento harmônico e integrado de todos os seus componentes e partes e é, exatamente, o que defende o citado autor e, doravante, o texto deste capítulo.

Os quatro níveis apresentados pelo Dr. D. Kirkpatrick são fundamentais para que o processo de avaliação de resultados seja completo, consistente e conclusivo. Se uma das suas fases não vier a ser executada, todo o sistema sofrerá perdas, dentre as quais a da consistência, porque a omissão de qualquer dos níveis é o mesmo que desprezar um importante rol de informações.

Portanto, o gestor de DTH deve montar os seus projetos de treinamento considerando nele a fase de avaliação de resultados **como um processo, que se desdobra em quatro níveis: reação, aprendizagem, mudança de comportamento e resultados**.

A seguir, cada nível é decomposto em técnicas e apresentamos uma coletânea de técnicas aplicáveis em cada nível do processo de avaliação dos resultados do treinamento.

Antes, porém, de apresentarmos as diversas técnicas, convém examinar os resultados da pesquisa informal adiante:

ANÁLISE DE CAMPOS DE FORÇA APLICADA AO PROCESSO DE OPERACIONALIZAÇÃO DAS QUATRO ETAPAS DO MODELO DE AVALIAÇÃO DOS RESULTADOS DO TREINAMENTO ELABORADO POR DONALD KIRKPATRICK E AJUSTADO À REALIDADE BRASILEIRA POR BENEDITO MILIONI

Trabalho dos sub-grupos do evento AVALIAÇÃO DOS RESULTADOS DO TREINAMENTO, organizado pela ABTD NACIONAL (Associação Brasileira de Treinamento e Desenvolvimento), no dia 31 de agosto de 2004, em São Paulo).

FASE AVALIAÇÃO DE REAÇÃO

FORÇAS FACILITADORAS	FORÇAS RESTRITIVAS
Noção sobre logística, recursos, material de apoio, instrutor e carga horária	Resposta emocional
Medida do alcance	Superficialidade
Satisfação imediata	Grau de aprendizado
Atendimento das expectativas	Aplicabilidade
Opinião do treinando	Não aponta melhorias do conteúdo
Coleta de dados para melhorias	Critérios excessivamente pessoais
Avaliação da entidade fornecedora	Limitações de momento
Resposta imediata	Não comprometimento nos resultados
Dados sobre a organização geral	Falta de objetividade
Rapidez de retorno	Cultura refratária da empresa
Ferramenta de melhoria contínua	Indução
Rapidez de análises e retornos	Problemas de linguagem

FASE MEDIDA DA APRENDIZAGEM

FORÇAS FACILITADORAS	FORÇAS RESTRITIVAS
Meio para medida de retenção	Falta de comprometimento do facilitador
Facilita emissão de relatórios indicadores	Falta de técnica para elaboração de provas
Normas apoiadoras facilitam a aplicação	Resistência dos treinandos e dos instrutores
Comparação de resultados pré e pós-testes	Carência de estrutura na empresa
Comprometimento de todos os envolvidos no processo de T&D	Inflexibilidade dos gestores
Uso de indicadores precisos	Despreparo do instrutor
Facilidade para tutoria pós-treinamento	Inviabilidade da aplicação do conteúdo
Valoriza o treinamento	Resistências às mudanças
Imediatamente após o evento, permite uma avaliação do conhecimento "fresco"	Fatores como tempo/custo/material

Contextualização dos objetivos do treinamento e resultados de provas	Falta de capacitação da equipe de T&D
Disposição para o autodesenvolvimento	Provas extensas demais
Estimula o autoconhecimento	Preconceitos sobre provas e testes
Favorece o valor do Capital Intelectual	Dúvidas quanto ao uso dos resultados
Ajuda a criar a cultura do aprendizado	Cansaço e vontade de ir embora
Fornece elementos para gestão	Efeito surpresa

FASE MEDIDA DA APLICAÇÃO

FORÇAS FACILITADORAS	FORÇAS RESTRITIVAS
Realização das etapas anteriores com eficiência	Não definição de políticas e de objetivos
Políticas e objetivos bem definidos	Não comprometimento dos gestores e da unidade de T&D
Sensibilização dos níveis hierárquicos	Não divulgação das políticas da empresa
Definir ferramentas de acordo com o perfil da empresa	Não educação para o cumprimento dessas políticas
Divulgação ampla dos resultados	Desmotivação dos treinandos e demais
Acompanhamento periódico	Comunicação divergente
Contrato alinhando gestor e treinando	Necessidades mal focadas
Profissional de T&D preparado	Falhas nos indicadores
Certeza de que T&D agrega valores	Conteúdo incompatível com as necessidades

FASE MEDIDA DOS EFEITOS DA APLICAÇÃO

FORÇAS FACILITADORAS	FORÇAS RESTRITIVAS
Disponibilidade de ferramentas para análise	Dispor de indicadores confiáveis
Cultura da empresa focada em resultados	Falta de comprometimento dos gestores
Informação para melhor uso dos orçamentos de investimentos	Falta de tempo da área de T&D
Diretrizes da organização	Falta de capacitação para efetuar a avaliação

Credibilidade dos processos de T&D	Não reconhecimento do poder de T&D
Levar o treinando ao seu projeto de aplicação	Busca da "fórmula mágica"
	Cultura do imediatismo

NO CONTEXTO DA AVALIAÇÃO DE REAÇÃO

A avaliação de reação deve ser repensada pelos gestores de DTH.

Aplicá-la, burocraticamente, apenas para "dar uma olhada" no que disseram os treinandos, é pura perda de tempo e desperdício de uma fonte de informação valiosa.

Normalmente, é feito um formulário despretensioso — isso quando não é apenas copiado de outras empresas —, e aplicado de forma incorreta em todos os sentidos. Vejamos alguns erros lamentáveis:

- formulário longo ou curto demais;
- escala de pontuação imprecisa;
- adjetivação do impossível (coisa como "excepcional" na escala);
- indução à crítica pesada ("ruim" ou "péssimo" na escala);
- nenhuma justificativa da resposta (por que é "bom", por exemplo?);
- mistura de valores (colocar em mesmo plano o desempenho do instrutor e a opinião sobre os intervalos para café, por exemplo);
- subjetivismo em demasia (o que é, afinal, "integração do instrutor com o grupo", o que o pobre coitado precisa

fazer para que seja considerado como "integrado" ao grupo, portar-se de forma servil ou "paparicar" os treinandos, por exemplo?).

Há outros. Contudo, não devemos perder tempo em relacioná-los.

A avaliação de reação deve ser administrada de forma produtiva, ou seja: ser construída, aplicada e analisada como fonte de subsídios importantes para o processo de avaliação de resultados do treinamento como um todo.

ESCALA DE REAÇÃO ÀS REUNIÕES DE TREINAMENTO

Referem-se às usuais medidas de reação pós-curso. Medem apenas a opinião final, com forte carga de abstrações e subjetivismos. É o classicismo aplicado à gestão de treinamento: "tem que se fazer uma avaliação de reação, portanto, vamos montar algo e pronto!". Nada contra o classicismo, porque há muito de clássico e moderno ao mesmo tempo na tecnologia de RH, mas o que não se pode é optar por um instrumento apenas pelo instrumento em si, esquecendo-se da validade.

- **Forma de aplicação:** formulário com itens dirigidos, geralmente com pontuação entre 1 e 5, 1 e 10 ou 1 e 100 (neste caso, pouco recomendável).
- **Resultados:** oferece uma panorâmica da opinião dos treinandos sobre o evento e alguns dos seus pormenores. Pode propiciar uma breve "leitura" do que aconteceu, sob a ótica dos treinandos, para que o gestor de DTH venha a dispor de algumas informações até importantes.
- **Restrições**: geralmente há a contaminação do cansaço de fim de curso, das condições logísticas e até mesmo do "clima" emocional típico do encerramento de eventos. Por outro lado, os treinandos já responderam a tantos formulários iguais, sem que nada ou quase nada tivesse acontecido a partir das suas opiniões, que a tendência é de uma rápida e descompromissada resposta.

CADERNOS DE REAÇÕES

Pouco utilizada, é uma técnica que permite a avaliação de reação durante o desdobramento do treinamento, com *feedbacks* imediatos para a sua coordenação no sentido de eventuais correções metodológicas e de conteúdos.

- **Forma de aplicação:** prepara-se previamente um *check-list* reunindo tópicos desde os aspectos administrativos até aqueles relativos ao tema, ações da coordenação e do próprio grupo de treinandos, fornecendo-o logo ao ensejo do início dos trabalhos, bem como as instruções para uso. É importante que sejam articulados os períodos em que devam ser apurados os registros, geralmente duas vezes por dia, ao final da manhã e da tarde.
- **Resultados:** fornece "leituras" imediatas sobre o cenário do treinamento, a tempo de, eventualmente, o gestor de DTH agir na correção de falhas ou de insatisfações. Fornece, também, subsídios para algumas ações de reforço na metodologia ou no próprio conteúdo do treinamento. No mais das vezes, é um valioso instrumento de administração de um evento de treinamento.
- **Restrições:** eventuais desvios de atenção dos trabalhos para o registro no caderno de reações, o que pode ser evitado por uma ação de controle por parte da coordenação do treinamento.

REGISTROS DE OBSERVADORES PARTICIPANTES

Trata-se de delegar a alguns participantes mais experientes e amadurecidos para o exercício da crítica a observação, registro e a emissão de pareceres sobre o desdobramento dos trabalhos.

- **Forma de aplicação:** por ocasião da abertura dos trabalhos, solicita-se que o grupo indique dois ou três dos seus membros para esta contribuição. Recomenda-se uma preleção sobre a tarefa a ser delegada para os indicados e que seja consagrado um tempo para que o grupo possa chegar a um consenso a respeito.

- **Resultados:** os observadores participantes passam a ser uma espécie de extensão da coordenação junto aos treinandos, agindo, pois, como interface entre as partes. Por outro lado, esses observadores podem vir a ser canais de comunicação com o grupo, levando mensagens de estimulação, de mudanças de comportamentos como atrasos e brincadeiras fora de hora, por exemplo. Experiências de gestores de DTH qualificam esta técnica como contributiva para a coordenação de eventos de longa duração, envolvendo grupos com mais de 20 ou 25 integrantes e, especialmente, de grupos com perfil crítico (exigentes).
- **Restrições:** esta técnica não deve ser utilizada em grupos que estejam sob tensão ou em grupos com pouca ou nenhuma experiência em situações de treinamento. O gestor de T&D deve evitar também que os indicados para este trabalho venham a sê-lo apenas em razão da sua posição hierárquica na empresa. Deve, finalmente, tomar muito cuidado na escolha dos observadores, para que estes não venham a "dividir" a liderança do grupo, a qual, sabe-se, compete ao gestor ou ao facilitador do evento.

AVALIAÇÕES ABERTAS, NÃO DIRETIVAS

Por intermédio de avaliações abertas em plenário, sobretudo em eventos participativos/interativos, podem ser obtidos dados sobre como os treinandos percebem o seu aprendizado e os potenciais efeitos em seu cotidiano.

- **Forma de aplicação:** ao término de cada período de trabalho ou de cada unidade do conteúdo programático, o gestor de DTH deve abrir e dirigir uma discussão plenária, inicialmente com perguntas diretas para este ou aquele participante, de modo a "aquecer" os demais e, assim, obter suas impressões e eventuais críticas sobre o desdobramento dos trabalhos.

- **Resultados:** a experiência na utilização desta técnica mostra que sua aplicação é potencialmente muito contributiva, porque assegura transparência e dinâmica nas relações entre os membros do grupo e os gestores do evento de treinamento, em razão da mobilização do direito individual da expressão livre e autônoma. Informações, sugestões e críticas pertinentes ao evento e ao bem-estar dos treinandos são normais neste tipo de avaliação de reação.
- **Restrições:** o gestor de DTH deve tomar muito cuidado para que não se perca tempo com longas e desnecessárias digressões, assim como deve estar atento para que não se crie uma espécie de espaço para lamúrias e/ou críticas a ausentes e à empresa. Deve, também, ter o cuidado de respeitar aqueles que preferem ficar calados, reservados; é um direito a não expressão!

QUESTIONÁRIOS E ENTREVISTAS DE REAÇÕES PÓS-CURSOS

Geralmente efetuados dias após o evento, contribuem muito para a mobilização de reflexões, autoanálises e captação de impressões sobre os primeiros efeitos do treinamento.

- **Forma de aplicação:** uma evolução importante do questionário de reação de fim de curso deve ser executada alguns dias após o treinamento, ocasião em que o gestor de T&D distribui os questionários, recebe-os, procede a uma análise e realiza entrevistas com os treinandos, individualmente ou em grupo, conforme suas possibilidades e, assim, conseguindo aprofundar significativamente a pesquisa de resultados.
- **Resultados:** são bons, porque se explora a percepção dos treinandos sem a contaminação típica da avaliação de reação aplicada ainda durante o evento, no seu encer-

ramento. Os treinandos têm a oportunidade de refletir melhor sobre o evento e de identificar os primeiros sinais da aplicação ou das suas possibilidades.

- **Restrições:** só existe uma — o fato de o gestor de T&D não ter o devido tempo para a execução, por vários motivos e até mesmo pela dispersão geográfica dos treinandos.

AVALIAÇÃO DE EXPECTATIVAS

Comparação da impressão final com as expectativas levantadas por ocasião da abertura do treinamento. Sua maior dificuldade é a heterogeneidade de expectativas dos treinandos, assim como a própria incerteza dos treinandos a respeito do que querem realmente obter do treinamento, a par de outras dificuldades.

- **Forma de aplicação:** geralmente na sessão de encerramento do evento, é feita em plenário ou em grupos a comparação entre as expectativas levantadas e registradas na sessão de abertura com a impressão e as opiniões dos treinandos. O gestor de T&D obtém a síntese dos depoimentos do grupo ou dos relatores dos subgrupos e os registra em folha de *flip-chart* para uma análise final.
- **Resultados:** pode oferecer um cenário comparativo, na medida em que contrapõem as expectativas e o seu atendimento pelo evento, subsidiando o gestor de DTH com informações para eventuais correções e para uso futuro, na fase de construção do relatório final de avaliação dos resultados dos projetos de treinamento.
- **Restrições:** como dito anteriormente, há as questões da heterogeneidade de expectativas e da incerteza quanto ao que cada treinando quer do treinamento e de si mesmo. Problemas internos, como clima motivacional, por exemplo, podem contaminar muito o uso desta técnica, por vezes invalidando-a totalmente. Também pode acontecer um fato infelizmente comum: os participantes confusos quanto às suas expectativas, quando as conhecem!

COMO PROCESSAR E CONCLUIR SOBRE AS INFORMAÇÕES OBTIDAS NA FASE DE AVALIAÇÃO DE REAÇÃO

O gestor de T&D deve trabalhar sobre os dados da avaliação de reação imediatamente após sua aplicação. Nunca deve deixar para "mais tarde", porque a avaliação é de reação e fornece uma leitura de momento sobre as opiniões e sentimentos dos treinandos.

Em seguida, deve elaborar a síntese das informações, construindo, finalmente, o relatório dessa fase do processo de avaliação dos resultados do evento de treinamento. Os formularíos utilizados, assim como os demais documentos, devem ser arquivados na respectiva pasta do evento (física ou eletrônica), para que sejam atendidas as exigências de documentação das Políticas de Qualidade Total.

Nunca é demais lembrar: as providências relativas ao que tenha sido obtido na avaliação de reação devem ser tomadas de forma imediata e é recomendável que os treinandos e seus superiores hierárquicos recebam uma cópia da síntese, agregada à qual deve estar um posicionamento do gestor de T&D a respeito das críticas e sugestões coletadas.

NO CONTEXTO DA AVALIAÇÃO DA APRENDIZAGEM

QUESTIONÁRIOS DE PRÉ-CURSO AOS INSTRUTORES

Construção de alguns *check-lists* com os pontos-chave do processo de treinamento, destacando para seus instrutores a substância de aprendizado que deve ser assegurada durante os trabalhos.

- **Forma de aplicação:** o gestor de T&D deve preparar um detalhado *check-list* sobre o conteúdo programático do treinamento e dos seus pontos-chave (o que se espera, realmente, que os treinandos assimilem, aprendam de fato) e orientar os instrutores no sentido de que façam sua avaliação sobre os dados do *check-list* na medida do desenrolar dos trabalhos. Uma reunião para discussão do instrumento pouco antes do início do treinamento é uma medida eficaz, porque ajuda os instrutores a que compreenderem claramente os objetivos e o seu papel.
- **Resultados:** fornece um riquíssimo acervo de informações sobre o aprendizado, emitido por alguém que é formalmente credenciado para tal (o facilitador dos trabalhos).
- **Restrições:** exclusivamente nos próprios instrutores. Melhor dizendo: é muito comum que instrutores de treinamento ***despreparados*** aleguem falta de tempo e apresentem uma série de dificuldades (infundadas) para o uso deste meio de avaliação de aprendizagem durante as sessões de treinamento.

INSTRUÇÃO PROGRAMADA

Metodologia consagrada para combinar aprendizado com *feedback* imediato, proporcionando ao treinando a oportunidade de acompanhar a própria evolução (ritmo, velocidade, profundidade e acertos), sob a orientação dos instrutores.

- **Forma de aplicação:** técnica antiga, consagrada e relativamente cara, a instrução programada consiste em um meio de autoestudo, geralmente com textos seguidos por perguntas cujas respostas orientam o progresso e/ou a necessidade de retomar algum ponto para ser novamente estudado. Atualmente, a indústria da informática vem utilizando muito este recurso, evidentemente com as enormes possibilidades da eletrônica/som/imagem, como forma de mais rapidamente massificar o domínio dos seus *software* e *hardware*.
- **Resultados:** o treinando obtém um *feedback* imediato sobre o seu grau de aprendizagem, cuja evolução e intensidade podem ser monitorados e documentados pelo gestor de T&D. Por outro lado, esta técnica é estimulante: o treinando "compete" com ele mesmo e é desafiado a escolher as respostas corretas.
- **Restrições:** a maior delas é o custo de produção, porque exige que seja elaborada por especialistas, além de demandar tempo significativo para sua produção, ajustes e validação.

TESTES OBJETIVOS

Metodologia clássica, enfrenta a resistência e a rejeição da maioria das pessoas em face dos seus passados escolares e dos erros estratégicos cometidos por gestores de T&D nas empresas. Contudo, sua validade técnica é assegurada, desde que sua construção instrumental venha a ser regida pelas técnicas e pelos rigores típicos dos testes objetivos.

- **Forma de aplicação:** nada de novo. Trata-se da construção dos tradicionais testes/provas sobre o conteúdo do treinamento e da sua aplicação.
- **Resultados:** quando se trata de medir a aprendizagem, nada melhor que um mecanismo de aferição do quanto o treinando compreendeu e reteve dos conteúdos do treinamento recebido. Fornece, também, a oportunidade de mensurar a aprendizagem, identificando-a por meio de números (percentuais de acertos etc.), a par de se constituir em uma evidência para os registros do treinamento, em atendimento às exigências das Políticas de Qualidade Total.
- **Restrições:** tempo e custo de produção, resistências atávicas por parte dos treinandos, cultura brasileira antiteste, exigências éticas que foram ignoradas no passado (vazamento dos resultados para pessoas estranhas ao processo de gestão do treinamento) e o inconsciente coletivo, digamos assim, que motiva muitas pessoas a reagir negativamente contra qualquer "ameaça" ao seu íntimo e limitações.

EXAMES ESCRITOS OU ORAIS DO TIPO ENSAIOS

Potente enquanto metodologia, a exemplo do circuito acadêmico com destaque para os cursos de graus elevados, esbarra na falta de cultura brasileira para medidas de aprendizagem que envolvam qualquer tipo de exposição do treinando à hipótese de mostrar suas fraquezas (no contexto organizacional).

- **Forma de aplicação:** amplamente conhecida, esta técnica é muito utilizada nos meios acadêmicos, porém com remotíssima possibilidade de aplicação no ambiente organizacional. Trata-se da construção, pelo aluno, de uma tese sobre tema vinculado ao contexto da cadeira, a qual é apreciada, geralmente, por uma banca de professores.

- **Resultados:** esta técnica fornece um parâmetro concreto sobre a aprendizagem, estudada e avaliada por profissionais credenciados tecnicamente.
- **Restrições:** a cultura antiteste e as dificuldades de operacionalização, como tempo, custo e volume de trabalho.

AVALIAÇÃO DE MUDANÇAS DE CONHECIMENTOS

Medidas antes e após cursos, usualmente por meio de testes objetivos.

- **Forma de aplicação:** uma variação dos tradicionais testes e provas, esta técnica contempla a construção de instrumentos objetivos para medir um conhecimento ou um conjunto (não muito amplo) de conhecimentos específicos. O mesmo instrumento é aplicado antes e após o treinamento, comparando-se, pois, o grau de acertos antes e depois do evento, para que se possa aquilatar o acréscimo de conhecimentos.
- **Resultados:** fornece uma precisa avaliação por meio da comparação do nível de acertos antes do evento com aquele apresentado em seguida à sua realização. O acréscimo obtido é a medida da aprendizagem. Por outro lado, fornece ao gestor de T&D os indicadores das necessidades de reforço, bem como sinalizadores para mudanças ou aperfeiçoamentos nos conteúdos e metodologias do evento de treinamento.
- **Restrições:** esbarra na resistência das pessoas aos testes e provas, como destacado anteriormente.

ANÁLISE DE HABILIDADES E DE TAREFAS

Utilizável em situações de treinamento que são regidas por objetivos de ordem sensorial/motriz.

- **Forma de aplicação:** com o apoio de técnicos especializados no assunto do treinamento, o gestor de T&D faz um levantamento do conjunto de habilidades exigidas pelo perfil do cargo do treinando e, sobre ele, monta um roteiro de verificação do comportamento pós-treinamento no posto de trabalho. Claro está que o aprendizado se dará sempre e somente quando o treinando é capaz de apresentar os comportamentos definidos nos padrões que regem o seu cargo na empresa.
- **Resultados:** fornece uma indicação clara sobre o quanto foi aprendido pelos treinandos, possibilitando, também, a obtenção de informações que possam orientar as necessidades de mudanças ou aperfeiçoamentos nas formas de realização do evento de treinamento.
- **Restrições:** nenhuma, desde que o gestor de T&D se assegure de estar apoiado pelos especialistas no tema do treinamento.

TESTES DE HABILIDADES PADRONIZADAS

Uma evolução da técnica anterior, referem-se àqueles tipos de treinamento cujo comportamento desejado é regido por padrões tecnicamente elaborados e corroborados pela prática.

- **Forma de aplicação:** o que se espera, expresso em comportamento e habilidades por parte do treinando, é um referencial preciso, geralmente técnicas e domínios específicos, descritos, delimitados, claros em todo o seu processo. Assim, pois, o gestor de T&D deve partir destes domínios e técnicas, geralmente disponíveis nos manuais de atribuições e nas especificações da engenharia de processo, para construir os parâmetros de medidas. A não ser que ele próprio, o gestor de T&D, seja um especialista no contexto dos domínios e habilidades, ele deve recorrer à ajuda de quem conheça profundamente os detalhes das operações para, em conjunto, elaborar os referenciais de medida.

- **Resultados:** fornece os parâmetros precisos para que se conclua sobre a validade e a qualidade do evento de treinamento, por meio de um referencial concreto, sem os riscos dos subjetivismos ou das abstrações.
- **Restrições:** podem surgir quando falta ao gestor de T&D o apoio da área em que esteja contido o domínio e a habilidade em tela. Contudo, a tecnologia da Qualidade Total vem facilitando muito a adoção das especificações como referencial preciso para que se possa aferir se houve ou não o aprendizado, a internalização por parte dos treinandos.

TÉCNICAS FEITAS SOB MEDIDA PARA AVALIAR HABILIDADES

Resposta para situações específicas. No caso, o gestor de T&D deve trabalhar em conjunto com os representantes da fonte tecnológica e construir as medidas *taylor made*. Trabalhosa, demanda tempo. Seus resultados, enquanto alternativa de medida de aprendizado, são substanciais.

- **Forma de aplicação:** aqui cabe um comentário importante. O trabalho de construção de técnicas sob medida para avaliar habilidades, domínios, conhecimentos e até potenciais requer do gestor de T&D dedicação, tempo, paciência de escultor (sem exageros), na medida em que se trata de criar algo novo, mesmo que apenas uma evolução ou aperfeiçoamento do que já se tenha feito. Não será de todo improvável que, a um dado momento, o gestor de T&D deva ter que partir do "zero", ou seja: iniciar pelo estudo cuidadoso dos perfis de cargos, com o objetivo de conhecê-los para, em seguida, poder elaborar alternativas de medida de comportamentos naqueles que, futuramente, deverão responder por tais cargos. Recomenda-se, portanto: a) pesquisar os cargos; b) entender todo o processo; c) identificar os seus pontos-chave; d) fazer observações locais (vendo o processo em andamento); e) consultar os especialistas no assunto; f) conversar com os profissionais da empresa que exerçam a função, nos quais se reconheça a competência e experiência.

A experiência da Ciência nos mostra algo curioso: muito do que se descobriu, e que hoje é aceito como basilar pela humanidade, resultou de uma pergunta: "Como isso funciona?" Com a resposta vem o caminho para desenhar um processo, estabelecer padrões e medidas e tudo o mais que seja necessário. Recomenda-se, pois, ao gestor de T&D um pouco do espírito científico: "Como funciona?", "Como posso ensinar para outras pessoas?", "Como saberei que a pessoa a quem ensinei realmente sabe, domina o processo?"

- **Resultados:** fabulosos! Mesmo que trabalhosa, a técnica permite que sejam feitas medidas da aprendizagem de forma precisa, construída sobre a realidade e as características do evento de treinamento. Por ser específica, a técnica sintoniza-se, com precisão, à delimitação do que se queira medir, em termos da aprendizagem pelos treinandos.
- **Restrições:** mais uma vez, o que nos tem afligido muito — tempo para elaboração das técnicas e recursos financeiros para custeio. Por outro lado, há a questão da falta de técnicos da área de T&D para a elaboração das técnicas.

AVALIAÇÃO DE MUDANÇAS DE HABILIDADES PELOS TREINANDOS

Diante da falta de recursos de medida mais complexos e geralmente da falta de tempo para produzi-los, trata-se de pesquisar junto aos treinandos e deles obter as suas impressões e indicadores de mudanças em suas habilidades. A prática de muitos gestores de T&D tem mostrado que é uma boa alternativa, efetivamente muitíssimo melhor do que nada fazer.

- **Forma de aplicação:** nada difícil, porém fonte riquíssima para obtenção de informações e dados que sinalizem não só o aprendizado, como também os resultados (o que aconteceu em seguida ao treinamento, por causa do aprendizado e, vale dizer, da mudança de comportamentos).

Nesse caso, o gestor de T&D deve organizar uma reunião com os treinandos, se, eventualmente, não tiver condições para entrevistar-se com cada um em particular, como seria desejável, e, nessa oportunidade, deles obter seus relatos de experiências pós-treinamento, sempre cuidando em identificar aquelas experiências que possam vir a ser creditadas ao treinamento em si. Num par de horas, se tanto, o gestor de T&D poderá obter muitas informações que, consolidadas, produzirão um relatório substancial a respeito do treinamento efetuado, o que nele foi aprendido e como contribuiu para as melhorias no posto de trabalho dos treinandos.

- **Resultados:** por meio do emprego desta técnica, o gestor de T&D estará trabalhando em sintonia com o principal agente do processo de treinamento: o treinando. Ele, mais que qualquer outra pessoa na empresa, é quem melhor sabe o quanto e em que sentido ocorreram as melhorias em seus conhecimentos, como reflexo da ação de treinamento.
- **Restrições:** praticamente não existem restrições, a não ser que o próprio treinando não queira participar do processo.

QUESTIONÁRIOS PADRONIZADOS DE ATITUDES

Produzidos por universidades, centros de pesquisas, especialistas e copiosos no acervo da Psicologia Organizacional, permitem que sejam efetuadas medidas com razoável grau de precisão e de confiabilidade. Infelizmente no Brasil a sua produção e divulgação são obstadas pela pirataria (reprodução não autorizada, com flagrante violação de direitos autorais).

- **Forma de aplicação:** identificadas as atitudes cuja mudança foi objeto do programa de treinamento, cabe ao gestor de T&D pesquisar no mercado as fontes para fornecimento destes questionários. No Brasil, infelizmente, são poucas as fontes, e as que existem não têm um acervo variado como seria desejado.

  Já que escasseiam as fontes para o fornecimento destes instrumentos, recomenda-se ao gestor de T&D que procure organizar e dirigir reuniões com aqueles que participaram dos programas de treinamento e deles obtenha, de viva voz, relatos e depoimentos sobre como se veem após o treinamento.

- **Resultados:** fornece uma medida de aprendizagem confiável e com bom nível de facilidade de interpretação e análise, podendo, também, ser utilizada como um *feedback* para os treinandos, a título de reforço positivo das mudanças operadas em suas atitudes a partir do evento de treinamento.

- **Restrições:** além da falta de fornecedores de tais questionários, o gestor de T&D deverá vir a enfrentar a resistência e o ceticismo das pessoas de maneira geral. Por falta de conhecimento ou por causa da postura refratária pura e simples, as pessoas tendem a desconfiar de qualquer meio utilizado a título de medição de aspectos da sua individualidade.

QUESTIONÁRIOS DE ATITUDES FEITOS SOB MEDIDA

Referem-se à mesma tecnologia do item anterior, porém construídos para atender situações ***específicas***. Especialistas na temática do treinamento podem construir estes instrumentos, considerando-se, entretanto, o seu custo de produção e as reservas de direitos autorais citados.

- **Forma de aplicação:** esta técnica apresenta as mesmas características da anterior em termos da sua aplicação.

Reiterando: os questionários para avaliar as atitudes não se configuram como rótulos para as pessoas; apenas subsidiam as análises por parte dos especialistas em Desenvolvimento de Talentos Humanos e assim devem ser entendidos. Tome-se, como exemplo, os instrumentos das provas situacionais, largamente utilizados nos processos de recrutamento e seleção. Elas, aplicadas corretamente, não rotulam os candidatos a emprego, embora possam impedir a sua continuidade no processo seletivo. Atitudes, enquanto uma predisposição a um dado comportamento ou um comportamento potencial como preferem alguns estudiosos, podem ser estudadas com base nas provas situacionais (também!).

O que estará, então, sendo avaliado pelo gestor de T&D no que tange aos resultados do treinamento realizado? Atitudes, enquanto uma predisposição para um comportamento! Se o treinamento realizado, no contexto gerencial por exemplo, objetivou a criação ou o desenvolvimento de atitudes favoráveis para levar a uma mudança de comportamentos, podemos entender que o resultado deste treinamento é a mudança de comportamentos, através da mudança de atitudes. Lembre-se: primeiro mudam as atitudes para depois, e só depois, chegar à mudança de comportamentos.

- **Resultados:** são excelentes! Esta técnica atua no que existe de mais importante no processo de aprendizagem: a mudança das atitudes, vistas estas como patamar para a efetiva aprendizagem.
- **Restrições:** muitas. A principal delas é a falta de entidades ou empresas que se dediquem à pesquisa e geração de tecnologias dentro do ambiente de Gestão de Recursos Humanos no Brasil. Outra restrição é o alto custo de montagem, edição e reprodução de materiais dessa natureza.

ESCALAS DIFERENCIAIS SEMÂNTICAS

Bastante difundidas no Brasil, estas escalas são aplicáveis notadamente durante as sessões de treinamento, com vista a propiciar *feedback* imediato para os coordenadores dos eventos de treinamento.

- **Forma de aplicação:** antes, um esclarecimento. Muitos gestores de T&D e coordenadores de evento de treinamento vêm utilizando as escalas diferenciais semânticas durante eventos (cursos em especial). Essas escalas são uma variação dos tradicionais métodos de associação entre termos de duas ou mais colunas, sobretudo no ensino de segundo grau, porém no caso das situações de treinamento muito concentradas em juízos de valor e julgamentos. A medida da aprendizagem se dá na proporção em que o testando pontua a sua posição na escala, entre extremos diametralmente opostos, na verdade exercendo mais a autoavaliação de aprendizagem.
- **Resultados:** enquanto mais uma alternativa instrumental, esta técnica é enriquecedora do processo de avaliação, ampliando o leque de meios e ângulos disponíveis. Em razão disso, o gestor de T&D pode usar este enriquecimento instrumental como forma para adensar a sua pesquisa sobre as mudanças de atitudes em seus treinandos.
- **Restrições:** as escalas diferenciais são um bom recurso na campo do ensino fundamental e dos níveis escolares até o terceiro grau. Nas empresas não tiveram sucesso devido à sua construção onerosa e à resistência das pessoas em aceitá-las como alternativas de medida de aprendizagem pelo menos razoáveis. Na verdade, sua relação custo/benefício não estimula muito a empresa no sentido de adotá-las como um recurso de rotina.

ANÁLISE DE REALIMENTAÇÃO EM GRUPO

Podendo ser efetuada durante e após os eventos de treinamento, a depender da estratégia planejada pelo gestor de T&D, a Análise de Realimentação em Grupo baseia-se na força e na sinergia grupal para a obtenção de impressões e constatações sobre o aprendizado.

- **Forma de aplicação:** não é difícil. Basta a competência de liderança de grupos por parte do gestor de T&D, associada à sua capacidade de vitalizar os participantes, estimulando-os a que façam seus depoimentos e não tenham medo de expor-se diante dos demais membros. Não é um exercício de autoexpiação! O gestor apresenta para o grupo a questão relativa ao que se aprendeu (ou não) e o que cada treinando percebe como uma possibilidade de transferência para a sua prática diária. Seguem-se os debates e uma consolidação em plenária, recomendando-se que o gestor de T&D elabore uma memória (ou uma ata) das conclusões de modo que possa documentar os dados e informações apresentados pelo grupo de treinandos.
- **Resultados:** são excelentes! O uso das técnicas de grupo, em todas as suas conhecidas aplicações, permite a provocação da sinergia e a troca de percepções, o que facilita bastante a compreensão do que se passa com cada integrante do grupo e com o próprio grupo. O gestor de T&D que tenha uma grande população de treinandos para administrar deve utilizar a técnica de grupo como uma ferramenta segura, confiável e de fácil operacionalização, a par do seu baixo custo.
- **Restrições:** nenhuma. É uma técnica simples, potente, de baixíssimo custo, exigindo apenas a habilidade do gestor de T&D quanto à sua aplicação.

COMO PROCESSAR E CONCLUIR SOBRE AS INFORMAÇÕES OBTIDAS NA FASE DE AVALIAÇÃO DA APRENDIZAGEM

Todas as técnicas sugeridas contemplam um tratamento de finalização. Nesse sentido, o gestor de T&D deve lembrar-se de que a técnica em si não é o processo, e sim o meio pelo qual as informações de interesse serão recuperadas e ordenadas de modo que possam ser analisadas.

Portanto, é essencial que a análise seja efetuada e o parecer conclusivo do gestor de T&D seja devidamente construído para ser, em seguida, fornecido ao cliente interno e aos demais executivos, a depender da estrutura e política de sua empresa.

É preciso, também, que todas as evidências concretas dos instrumentos e técnicas empregados sejam catalogadas e arquivadas, para atender às exigências das Políticas de Qualidade Total.

NO CONTEXTO DA MUDANÇA DE COMPORTAMENTO

AMOSTRAGEM DE ATIVIDADE

Aplicável nos casos em que estão disponíveis dados indicadores do nível de performance dos treinandos em uma dada situação como, por exemplo, os procedimentos para administração do tempo gerencial. O termo "amostragem" que identifica esta técnica se deve ao tratamento de uma das habilidades/domínios demandados pelo cargo. Em face disso, esta técnica deve ser utilizada pelo gestor de T&D para a apuração dos resultados de um evento de treinamento no qual uma habilidade específica tenha sido trabalhada ou, sem prejuízo para a eficácia da técnica, nas situações de treinamento que tenham abordado procedimentos específicos.

- **Forma de aplicação:** antes do treinamento em si, o gestor de T&D deve dispor de dados que indiquem a carência como, por exemplo, excessos de horas de trabalho após o expediente e seu custo. Convém destacar que se os indicadores de disfunção/carência de treinamento não estiverem disponíveis, a técnica não tem a menor chance de ser aplicada. Em seguida ao treinamento, o gestor de T&D deve acionar um trabalho de consultoria de apoio junto ao cliente interno e, com ele, levantar dados que mostrem os efeitos da aplicação prática dos conteúdos do treinamento. Um formulário seguido por uma entrevista individual ou em grupo (nesse caso cabe também a amostragem de 20% do número de treinandos) certamente facilitará muito a prospecção de dados e informações indicadoras da mudança de comportamento e seus efeitos no contexto da realidade dos treinandos. Obtidos e consolidados os dados, o passo final é a produção de um relatório de diagnose pós-treinamento e seu encaminhamento conforme as normas da empresa.

- **Resultados:** são expressivos, porque a técnica favorece a prospecção e recuperação de informações que, normalmente, seriam perdidas na memória individual dos treinandos, por falta de algum motivo ou forma consistente de valorização e utilização.
- **Restrições:** nenhuma. É uma técnica poderosa e com muita confiabilidade.

DIÁRIO DE OBSERVADORES

Um procedimento para avaliação de resultados em T&D surpreendentemente pouco utilizado pelos profissionais da área. Sua aplicação deve ser mobilizada, porquanto subsidia fortemente o gestor de T&D com dados e informações, a par de envolver ativamente outros profissionais em todo o processo de gestão.

- **Forma de aplicação:** Inicialmente, o gestor de T&D deve escolher alguns membros da equipe da área relativa aos treinandos de um dado evento de treinamento. Em seguida, deve produzir um *check-list* contendo os comportamentos que devem ser acompanhados pelos observadores locais. Este *check-list* deve cobrir os tópicos do conteúdo programático e destacar os comportamentos que se esperam dos treinandos em seguida ao treinamento. Deve, também, apresentar um campo para que os observadores locais registrem suas impressões sobre as eventuais dificuldades para a aplicação prática dos conteúdos. Uma vez elaborada a pesquisa pelos observadores locais, o gestor de T&D organiza e executa uma reunião para exame do obtido, debates e esclarecimentos que venham a ser oportunos. Finalizada esta etapa, passa-se para a elaboração do relatório de diagnose dos resultados pós-treinamento e seu encaminhamento a quem de direito.

- **Resultados:** assegurados. Os observadores são poderosos agentes de recuperação de informações junto aos treinandos para os quais foram designados para cumprir seu papel. A experiência mostra que, do trabalho dos observadores, por sua proximidade com os treinandos, resultam informações até surpreendentes, que muito contribuem para identificar os bons resultados das ações de treinamento.
- **Restrições:** nenhuma. Do ponto de vista da confiabilidade e da consistência técnica, esta técnica pode ser aceita como das mais produtivas. A única dificuldade é identificar pessoas que tenham condições e disposição para contribuir enquanto observadores locais.

AUTODIÁRIOS

Variação da técnica anterior, igualmente poderosa, consiste na mobilização do treinando como seu próprio observador.

- **Forma de aplicação:** elaborado o *check-list* sugerido na técnica do quadro anterior, cuidando-se em ajustar os tempos dos verbos e a linguagem do texto, o gestor de T&D deve disponibilizar este material para os treinandos preferencialmente por ocasião da abertura do treinamento ou, melhor ainda, antes da sua execução, momentos em que deve negociar com os treinandos a aplicação da técnica, ilustrando seus efeitos positivos e erradicando os receios de sempre. A autoavaliação é um recurso interessante e costuma produzir bons efeitos, o que acontece precisamente nesta técnica.
- **Resultados:** excelentes! Está mais que comprovada a eficácia da autoavaliação. O treinando é o principal interessado em mostrar que está agregando valor ao seu tra-

balho e à empresa, também por via da aplicação do que aprendeu no evento de treinamento.

- **Restrições:** a maturidade dos treinandos. Se lhes faltar a maturidade psicológica e técnica, dificilmente esta técnica poderá ser aplicada. Os treinandos devem estar conscientes das suas responsabilidades enquanto público-alvo do treinamento e também responsáveis pelo seu sucesso, este visto como resultados efetivos e o consequente retorno dos investimentos feitos pela empresa. Recomenda-se ao gestor de T&D muito cuidado na fase de preparação dos treinandos para o exercício do papel de auto-observadores: sensibilização e acompanhamento estimulador são os ingredientes para assegurar o êxito da técnica, salvaguardada a condição do estágio adequado de maturidade.

ENTREVISTAS E QUESTIONÁRIOS EM LARGURA

Metodologia que abrange a totalidade dos treinandos e seus superiores hierárquicos, destina-se à ampliação do espectro da investigação do que aconteceu (ou não) após o treinamento. Refere-se, em outras palavras, ao "amarramento" das impressões colhidas por intermédio da autoavaliação, avaliação feita pelos observadores locais, da avaliação obtida dos superiores hierárquicos dos treinandos e de outras instâncias, se for o caso.

Recomendável para ser aplicada em seguida aos programas institucionais da empresa e, principalmente, no desdobramento da gestão dos programas de treinamento com objetivos ***cognitivos e afetivos***.

- **Forma de aplicação:** o gestor de T&D, nesse caso, faz uma combinação entre vários recursos de prospecção de dados e informações pós-treinamento e elabora a sua consolidação.
- **Resultados:** justificam a aplicação da técnica, considerando-se que esta amplia muito o leque de visões e o acervo

de informações sobre o que esteja sendo estudado, além de facilitar a documentação do processo de avaliação, conforme as exigências das Políticas de Qualidade Total.

- **Restrições:** por demandar muito tempo e envolver muitas pessoas no processo, a coordenação da aplicação desta técnica, o tempo necessário e o custo operacional podem criar dificuldades, o que, entretanto, não invalida a sua eficiência enquanto alternativa para a avaliação dos resultados dos projetos de treinamento.

COMO PROCESSAR E CONCLUIR SOBRE AS INFORMAÇÕES OBTIDAS NA FASE DE AVALIAÇÃO DA MUDANÇA DE COMPORTAMENTO

Repetem-se, aqui, as recomendações feitas em seguida ao bloco de AVALIAÇÃO DE REAÇÃO e AVALIAÇÃO DA APRENDIZAGEM.

NO CONTEXTO DA APLICAÇÃO (Resultado)

ÍNDICES DE PRODUTIVIDADE DA GESTÃO DE RH

Trata-se de utilizar os índices da gestão de RH como referenciais para a contribuição de T&D. Estes índices são, no mais das vezes: *turnover*, absenteísmo, custo/hora da folha de pagamento comparado com dados de mercado, resultados de programas de avaliação de desempenho, relação homens/hora de trabalho com os ganhos de produtividade e incremento de resultados operacionais e muitos outros.

- **Restrições:** é essencial que se disponha de um banco de dados em RH completo, atualizado e que reflita com exatidão o perfil da gestão de RH da empresa.

ESTUDOS DE CLIMA ORGANIZACIONAL

É um processo de diagnose abrangente. Pesquisa todas as variáveis que interferem no clima humano, motivacional e de relacionamentos, a par da investigação que propicia sobre as condições de trabalho, estrutura funcional, sistemas de administração, cultura empresarial, valores e práticas gerenciais, dentre outros.

- **Restrições:** alto custo, demanda de tempo e de envolvimento de muitas pessoas.

ESTUDOS DE FLUXO DE TRABALHO

É uma estratégia que procura desenvolver um trabalho integrado entre os gestores de T&D e os especialistas em Organização, Sistemas e Métodos. Em sua prática, estes estudos são um minucioso trabalho de análise e ponderação dos fluxos e rotinas de trabalho, geralmente voltados para ganhos de produtividade. Nele podem ser identificadas com clareza as contribuições de T&D nos ganhos de produtividade e incremento de resultados.

- **Restrições:** dada sua complexidade, contempla um volume substancial de recursos financeiros, de tempo e de trabalho, o que, apenas para utilização para a identificação das contribuições de T&D, não pode ser aceito como viável na maioria dos casos.

RASTREAMENTO DAS CONSEQUÊNCIAS PÓS-TREINAMENTO

Trata-se da retomada dos estudos efetuados por ocasião do DNT, com base nos documentos e no parecer do gestor de T&D e, sobre estas informações, retornar ao cliente interno e, com ele, rastrear o que aconteceu na área de trabalho que possa ser creditado, de forma comprovada, ao treinamento realizado.

- **Forma de aplicação:** o gestor de T&D, baseado no seu parecer da fase de DNT, efetua um trabalho junto aos executivos e treinandos, com vistas à identificação das repercussões do treinamento no ambiente de trabalho, seja por meio de instrumentos previamente construídos ou por meio de entrevistas individuais e/ou grupais.

Nessa oportunidade, o gestor de T&D faz o caminho contrário, ou seja: fará o diagnóstico das mudanças de comportamento e do que as mudanças trouxeram, de prático, no trabalho dos treinandos. Ele pode preparar um *check-list* específico ou planejar uma reunião, cuja agenda venha a prever e ordenar uma série sequencial de perguntas a serem feitas aos pesquisados.

Finalmente, o gestor de T&D deve colher dados indicativos do que aconteceu por via da aplicação do conteúdo do treinamento, checá-los com segurança, ao tempo em que colhe as evidências locais relativas aos indicadores (documentos, estatísticas, relatórios, gráficos etc).

- **Resultados:** embora seja uma técnica trabalhosa, os resultados dela são uma poderosa garantia da identificação das contribuições que possam ser creditadas ao processo de treinamento.
- **Restrições:** apenas o volume de trabalho que a técnica demanda do gestor de T&D, considerando-se que este nem sempre dispõe de tempo e de recursos físicos, incluindo pessoal preparado, para que possa implementar, como convém, esta técnica.

COMPARAÇÃO DIRETA COM OS OBJETIVOS

É a comparação entre os objetivos determinados para o evento de treinamento e os dados indicadores de situação pós-treinamento, a qual se aplica, idealmente, em projetos de treinamento cujos objetivos tenham sido delimitados com precisão, a partir dos indicadores obtidos na fase de DNT e o contrato de mudança de comportamento articulado com os treinandos e seus executivos.

- **Forma de aplicação:** resume-se ao resgate dos objetivos e sua comparação com dados indicadores obtidos das mais variadas formas.
- **Resultados:** em eventos com delimitação precisa de objetivos, esta técnica tem ampla possibilidade de aplicação com sucesso. Isso não acontece em eventos cujos objetivos sejam difusos, notadamente aqueles regidos por estudos de natureza subjetiva.
- **Restrições:** apenas quando de eventos com objetivos pouco claros, como descrito anteriormente.

APLICAÇÃO DE INSTRUMENTOS ESPECÍFICOS

É a aplicação em casos específicos de instrumentos construídos especificamente, na maioria das vezes, se não todas, o clássico formulário.

- **Forma de aplicação:** o gestor de T&D elabora o instrumento de pesquisa, conforme sugerido neste Manual (Guia para a Construção de Instrumento de Avaliação dos Resultados).

Aprontado o instrumento, o gestor de T&D deve fazer uma aplicação a título de teste, para que ele seja, eventualmente, ajustado e aperfeiçoado e, assim, possa ser entendido como referendado.

A aplicação propriamente dita do instrumento deve ser feita conforme os prazos previstos no projeto de treinamento, sob a supervisão do gestor de T&D, sendo os seus respondentes, naturalmente, os treinandos e/ou os seus executivos. A aplicação pode ser feita individualmente ou em grupos, opção esta que se recomenda em razão do que se pode obter como efeito da sinergia grupal.

- **Resultados:** é uma técnica poderosa, embora exija substancial trabalho para a produção do instrumento, na medida em que ela possibilita que um evento seja administrado conforme a sua própria natureza.
- **Restrições:** nenhuma que possa diminuir ou não recomendar a mobilização da técnica.

ANÁLISE, INTERPRETAÇÃO E CONSOLIDAÇÃO DOS DADOS APURADOS

Uma vez finalizado o trabalho de exploração dos resultados do treinamento por meio dos quatro níveis, o gestor de T&D deve debruçar-se sobre o acervo de informações e fazer aquilo que requer a perícia que o diferencia de um mero "programador de cursos": a partir de informações técnicas, emitir um parecer técnico.

Nenhuma das técnicas apresentadas, por si só, é capaz de indicar os resultados dos eventos de treinamento; apenas o seu conjunto, a par da competência do gestor de T&D em analisá-lo, é que vai levar a uma conclusão. Portanto, resumindo os dados e informações, estudando as suas relações e conferindo-os, se necessário, é que se estará sinalizando, passo a passo, os meios de interpretação e de emissão final de um parecer.

O gestor de T&D deve documentar todos os passos do processo, arquivando os formulários, atas de reuniões, *tapes* de vídeo e áudio, bem como os demais meios que serão acionados, de modo que possam ser recuperados e estudados quando de uma necessidade de checagem ou mesmo de uma auditoria interna.

EMISSÃO DO RELATÓRIO ANALÍTICO

O relatório analítico é indispensável. Sem ele, dificilmente a direção da empresa, pouco habituada no que tange à interpretação e compreensão dos fenômenos humanos, conseguirá aquilatar as contribuições de T&D para a saúde do negócio.

Esse relatório deve ter a seguinte construção:

- Deve ser objetivo. Economia de palavras. Informações na justa medida.
- Dever ser escrito em linguagem clara e simples. Nada de empregar jargão de RH.
- Duas a três folhas são suficientes. Mais que isso, cansam o destinatário.
- Deve começar pela conclusão, ou seja: destacando os efeitos positivos do evento.
- Deve mostrar um resumo da relação causa/efeitos/consequências.

- Deve mostrar um resumo dos objetivos e do conteúdo programático.
- Deve sintetizar as informações administrativas (datas, local, lista de treinandos etc.).
- Deve ter um mínimo de anexos como gráficos e tabelas. O que mais vier a ser necessário deverá estar identificado por seus endereços eletrônicos ou outras formas de acesso a arquivos.
- Deve finalizar com o parecer do gestor de T&D.

Recomenda-se que o relatório seja enviado conforme a importância do evento de treinamento: se parcial ou integralmente, a cada evento ou quando do encerramento de todo o projeto de treinamento, será uma decisão estratégica do gestor de T&D, para a qual não se admite a hipótese de regra geral. Cada caso, um caso. Cada empresa, uma empresa.

RETORNO DOS INVESTIMENTOS EM TREINAMENTO PASSO A PASSO

Antes de você planejar, comece decidindo se o treinamento é realmente necessário.

1

O treinamento é necessário?
Muitas vezes nós treinamos quando uma outra **intervenção funcionaria melhor, com custo menor ou seria mais eficiente.**

Antes de começar o processo de treinamento, responda a essas perguntas

Qual é a discrepância no desempenho?	Eles têm o que precisam para fazer o trabalho?
❑ Qual é a diferença entre o que está sendo feito e o que se espera? ❑ Qual é a minha evidência?	❑ Existe potencial físico e mental? ❑ Eles estão super qualificados?

Essa discrepância é importante? ❑ O que vai acontecer se não fizer nada? ❑ Vale a pena fazer melhor?	O desempenho está sendo punido? ❑ O que é preciso para fazer isso direito? ❑ Existe alguma punição para o não desempenho?
É uma falta de competência ou no passado o desempenho era feito com êxito? ❑ Aqueles que desempenham fariam corretamente os seus trabalhos SEMPRE?	Não fazendo o trabalho tem de algum modo uma recompensa? ❑ Existe alguma recompensa ao fazer errado? ❑ Fica-se menos aborrecido ou cansado se trabalhar menos?
Essa competência é usada com frequência? ❑ Com que frequência?	Existem obstáculos para o desempenho? ❑ Eles sabem o que é e quando é esperado? ❑ Existem ferramentas e tempo disponível? ❑ Existem tradição, políticas ou barreiras de ego?
Existe uma maneira mais simples de fazer o trabalho? ❑ O trabalho ajudaria a sanar o problema? ❑ O trabalho pode ser mudado de algum modo?	Quais são os limites para as soluções? ❑ Existem soluções inaceitáveis para a empresa? ❑ Existem soluções além dos recursos tempo e dinheiro na organização?

Possíveis alternativas de solução BEM ANTES de pensar em eventos de treinamento envolvendo a formação ou desenvolvimento de competências:

❑ Remover obstáculos para o desempenho
❑ Rever o processo de documentos/passos
❑ Redesenhar o trabalho, processo ou o ambiente
❑ Dar uma ajuda no trabalho
❑ Automação/computação
❑ Criar um incentivo

❑ Criar uma estrutura e/ou fazer cumprir
❑ Aconselhar/treinamento individual
❑ Criar um banco de dados de conhecimentos gerais ou um Manual
❑ Usar um sistema eletrônico de apoio ao desenvolvimento

2 Identificar os resultados específicos e os métodos de medidas do treinamento (alguns exemplos do cotidiano)

❑ Aumento da produção de/para	❑ Redução de refugos de/para
❑ Aumento da qualidade de/para	❑ Redução de queixas de/para
❑ Aumento de clientes de/para	❑ Redução de vagas abertas de/para
❑ Redução de perda de clientes de/para	❑ Redução de erros de/para
❑ Redução de custos de/para	❑ Redução de supervisão de/para
❑ Redução do custo de vendas de/para	❑ Aumento de aprovações de/para
❑ Aumento dos lucros de/para	❑ Redução das reclamações de/para
❑ Aumento de vendas de/para	❑ Aumento de margem de/para
❑ Redução no *timing* de/ para	❑ Redução de ações legais de/para
❑ Redução do tempo de reparo de/para	❑ Redução do tempo de espera de/ para
❑Aumento das respostas de/para	❑ Redução do tempo ocioso de/para

UMA VISÃO GERAL DO PROCESSO DE MEDIDAS DAS

COMPETÊNCIAS, INSTALADAS, APERFEIÇOADAS OU DESENVOLVIDAS

QUANDO E ONDE MEDIR	O QUE MEDIR	COMO MEDIR
Durante o treinamento	Reação	❑ Formulário de *feedback* de papel ou computadorizado ❑ Comentários verbais
	Ações planejadas	❑ Ideia do plano de ação no término do curso
On-the-job	Aprendizado atual	❑ Ideia do plano de ação no término do curso ❑ Simulações, *roleplay*, projeto de aplicação ❑ Uso do pré e pós-testes
	Aplicação de aprendizado	❑ Observador com *checklist* ❑ Autoavaliação pelo treinando ❑ Pesquisa junto à equipe
Na organização	Resultados da organização	❑ Usar relatório para colher dados ❑ Focalizar os grupos para colher dados ❑ Medidas da companhia para metas específicas
No papel	Retorno do investimento	❑ Apurar os resultados para a organização e comparar com todos os custos do treinamento ❑ Usar auditorias internas ou independentes

3 Isolar os efeitos do treinamento.

Listar todas as variáveis que poderiam contribuir para o desempenho e que não sejam tipificadas como uma ação de treinamento. Eliminá-las ou, se não puder eliminar, determinar a quantidade de desempenho que é devido a essas variáveis como opostas ao treinamento e relatar com o seu número e valores influenciam no ROI.

Veja o exemplo a seguir e, para exercitar, escreva no quadro abaixo o descritivo de uma ação de treinamento da sua empresa, de recente ocorrência, e que seja uma ação de características amplas.

Agora anote no quadro abaixo as possíveis variáveis intervenientes na mudança/melhoria do que também será trabalhado pela ação de treinamento propriamente dita:

Agora, usando a primeira linha do quadro abaixo como exemplo, exercite os possíveis percentuais de influência de cada uma das variáveis descritas no quadro acima, transcrevendo-as de lá para as linhas abaixo do exemplo:

Variável interveniente	Percentual estimado de influência
Novos softwares de controle de processos	20%

4 Identificar e remover, quando possível, os obstáculos para obter o desempenho após o treinamento

Algumas vezes, remover os obstáculos para aquisição do desempenho é a única intervenção necessária, quando a situação se configura como passível dessa intervenção. Caso contrário, o melhor mesmo a fazer é... não executar o treinamento, porque seria o mesmo que jogar dinheiro fora e, sabe-se há muito: DINHEIRO NÃO ACEITA DESAFOROS!

Outras vezes o treinamento é necessário, mas existem obstáculos para aquisição do desempenho, que devem e podem ser removidos. Relacione todos os processos, pessoas, equipamentos ou outros obstáculos que manterão o treinando e os objetivos da empresa relacionados entre si...funcionando para valer!

Exemplifique no espaço a seguir:

Obstáculos	Plano de ação	Data para finalizar	Quem

5 Informações a respeito dos treinandos. Que métodos foram usados quando os treinandos, no passado aprenderam melhor?

- ☐ Aplicação do projeto
- ☐ Artigos e livros
- ☐ Fitas de áudio (músicas e falas)
- ☐ Grupos de livros
- ☐ Sessões de *brainstorming*
- ☐ Reuniões
- ☐ Estudos de casos
- ☐ Palestra em grupos
- ☐ Cursos de desafios
- ☐ Posters, gráficos e mapas
- ☐ Palestra participativa
- ☐ Suportes
- ☐ Treinamento básico
- ☐ Palestras gerais
- ☐ Palestra de experiência
- ☐ Jogos
- ☐ Ajuda no trabalho
- ☐ Boletins
- ☐ Palestra com interrupção planejada
- ☐ Pré-trabalho
- ☐ Suportes
- ☐ Manuel de referência
- ☐ Reflexão de auto análise
- ☐ Compartilhar as melhores práticas
- ☐ Histórias
- ☐ Grupos de estudo
- ☐ Técnicas de *teach back*
- ☐ Times de leitura
- ☐ Tv e vídeo
- ☐ Correio de voz e e-mail
- ☐ WEB Page (Inter e intranet)
- ☐ Sessões de trabalho
- ☐ Boletins
- ☐ Palestra conferência impressa
- ☐ Manual de referência
- ☐ Palestra de conceitos
- ☐ Demonstrações
- ☐ Viagens de campo
- ☐ Quebra-gelo
- ☐ *Mentoring*
- ☐ Palestra participativa
- ☐ Pós-trabalho
- ☐ Palestra conferência impressa
- ☐ Seminários por vídeo
- ☐ *Role plays*
- ☐ Autoestudo
- ☐ Simulação
- ☐ *Slides*

Métodos de reforços necessários ao aprendizado

- ☐ Treinandos e seus gestores participam para determinar as necessidades do treinamento.
- ☐ Treinandos e seus gestores participam no projeto do treinamento.
- ☐ Selecionar os treinandos de acordo com o critério estabelecido para esse treinamento e a necessidade para essa competência.
- ☐ Os gestores participam de resumo do treinamento com o seu staff.
- ☐ Organizar conferências entre os treinandos já formados com aqueles que serão treinados para discutir como transferir as competências para o trabalho.
- ☐ Treinandos completam um plano de aprendizado.
- ☐ Treinandos e seus gestores fazem reuniões pré-treinamento para discutir objetivo.

- ❑ O horário de carga de trabalho dos treinandos fazem com que fiquem focados no aprendizado e não se preocupem com aquilo que podem fazer.
- ❑ Garantias de que os treinandos usem suas novas competências imediatamente.
- ❑ Método de plano de avaliação após treinamento (lista de observação/ teste posterior).
- ❑ Boletim de treinamento (ex: "Planejando nosso progresso").
- ❑ Relembranças / sessões de incentivo (reuniões com o *staff* regular e/ ou sessões especiais.
- ❑ Dar aos gestores dos treinandos um livreto para sua atualização, relacionando todas as competências e comportamentos aprendidos que podem identificar e o que podem fazer para reforçar o aprendizado se eles não veem o comportamento.
- ❑ Planejar e comunicar recompensas e incentivos (na hora e/ou antes do treinamento).
- ❑ Gestores dão *feedback* do desempenho, imediatos e construtivos, verbalmente.
- ❑ Gestores e treinandos participam de reuniões pós-treinamento para planejar o uso das competências.
- ❑ Fornecer aos treinandos *check-list* e folhas de trabalho para uso no trabalho.
- ❑ Treinandos dividem as experiências do treinamento e o aprendizado com os colegas no trabalho.
- ❑ Gestores envolvem os treinandos em decisões relacionadas com o trabalho baseadas em novos aprendizados.

6 Custeio das ações para projetar e desenvolver o treinamento

Itens	Tempo	Custo	Quem
Horas de trabalho de planejamento			
Horas de trabalho de pesquisas			
Horas de trabalho de elaboração técnica			

7 Produção propriamente dita dos eventos de treinamento

Desenvolver o Material do Aprendizado	Tempo	Custo	Quem
❑ Materiais de trabalhos do treinandos			
❑ Trabalhos antes ou trabalho de casa			
❑ Apostila, textos, exercícios e semelhantes			
❑ Simulações			
❑ Jogos			
❑ Questionários e Inventários			
❑ Manual para autoaprendizado ou recursos			
❑ Guias do facilitador			
❑ Produção de *scripts* e roteiros			
❑ Tecnologia de som e imagem			
❑ CBT			
❑ Multimeios			
❑ *Flipchart* / Posters / Mapas			

8 Implantação do evento de treinamento

Finalizar o orçamento do investimento, somando os registros das fases 6 e 7 a acrescentando outras demandas de investimentos não relacionadas nas fases citadas, tais como:

Custo das horas de trabalho dos treinandos, locação de equipamentos, custos para sediar o evento, materiais diretos e indiretos, viagens e hospedagens, refeições, lanches, contratação de terceiros, miudezas.

9 Custo total

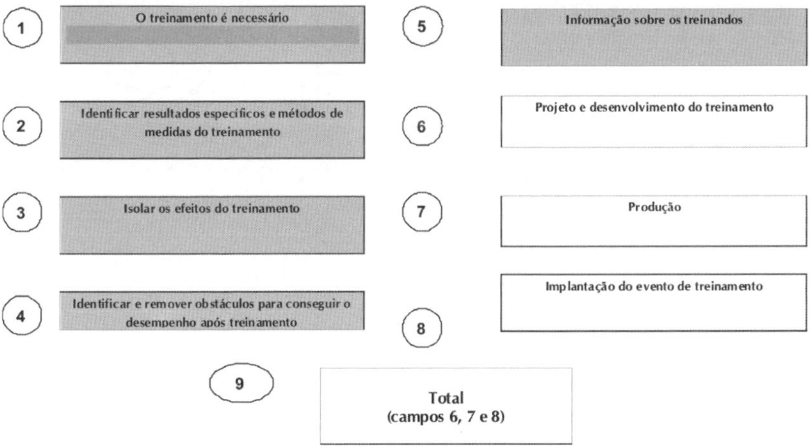

Finalmente você está pronto(a) para determinar o seu retorno do investimento

10 **ROI (Return On Investment)**

1. Custo final da implantação (soma 9 anterior)	$
2. Demais investimentos (após implantação inicial)	$
3. Viagens, pernoites, refeições de treinandos e/ou facilitadores (após a implantação inicial)	$
4.Salários/comissões de pessoal adicional não previsto no campo 6	$
5. Staff de apoio (usado para dar apoio em qualquer parte do treinamento após a implantação inicial)	$
6. Perda de produtividade (durante a implantação inicial).	$
7. Avaliação (após a implantação inicial, valor hora de trabalho vezes total de horas do pe**ssoal envolvido nessa ação.**	$
Custo total	

Quadro de resumo do ROI

Objetivos	Em que nível encontrado no LNT/DNT	Rendimentos ou economia de $ obtida

Total de rendimento ou economia

Retorno do investimento = $\frac{\textbf{Benefícios Líquidos}}{\textbf{Custos}}$

(Benefícios Líquidos = Benefícios Totais - Custo Total)

INSTRUMENTOS PARA CONDUZIR O PROCESSO DE AVALIAÇÃO DE RESULTADOS EM TREINAMENTO E DESENVOLVIMENTO

A seguir, o leitor encontrará três guias para que possa neles inspirar-se e elaborar os instrumentos de que necessita para dar consistência e metodizar os trabalhos, bem como atender às exigências de coletar e disponibilizar evidências das Políticas de Qualidade Total.

São três guias, a saber:

- Guia para Construir Instrumentos de Avaliação de Reação
- Guia para Construir Instrumentos para Levantamento das Necessidades de Treinamento e Desenvolvimento
- Guia para Construir Instrumentos de Avaliação dos Resultados de Eventos de Treinamento e Desenvolvimento

Cada guia fornece a metodologia de construção do instrumento. Os três Guias foram incorporados a este Manual porque seria muito difícil, se não impossível, acrescentar instrumentos que satisfizessem a todas as necessidades das empresas.

Sabemos que não existem instrumentos que possam ser aceitos como "universais" e aplicáveis em todas as situações de treinamento e em todas as empresas, sejam de que tipo, tamanho, cultura ou estilo de gestão forem.

Portanto, é melhor que o gestor de T&D aprenda a construir os seus próprios instrumentos e que o faça sempre em sintonia precisa com as necessidades e peculiaridades de sua empresa, abandonando, definitivamente, o hábito da cópia de instrumentos elaborados por terceiros e gerados conforme as singularidades destes.

GUIA PARA A CONSTRUÇÃO DE INSTRUMENTOS DE AVALIAÇÃO DE REAÇÃO

Este Guia visa a subsidiar o Gestor de T&D no que se refere à construção de um instrumento para ser utilizado como Avaliação de Reação, aplicável por ocasião do encerramento de um evento de treinamento. O Guia visa, ademais, levar o Gestor de T&D a que não repita alguns erros históricos na construção e aplicação deste importante recurso de administração das atividades de treinamento.

O Guia está apresentado em blocos de ordem sequencial, para que a construção siga uma trilha que facilite o trabalho e permita a cobertura ampla das exigências técnicas do instrumento em foco.

Passo 1: Decidir qual é a finalidade real da Avaliação de Reação:

- "cumprir tabela";
- fazer apenas uma rápida análise das opiniões ou levar a que seja um recurso de peso e importância reais em todo o processo.

Passo 2: Partindo do pressuposto de que não existe instrumento universal, grave erro historicamente repetido em T&D, focar o evento de treinamento que se objetiva avaliar. Seus objetivos:

- são, apenas, de informação?
- são voltados para respostas no plano conceitual, afetivo ou mecânico?
- estiveram claros para os treinandos desde o início dos trabalhos?

Esta questão é importante para que se decida a extensão e profundidade do instrumento de avaliação de reação.

Passo 3: Organizar os tópicos que se pretende cobrir com a avaliação de reação, de modo que cada um permita a avaliação no seu contexto e não se corra o risco de que um se confunda com o outro.

Passo 4: Construir cada tópico, elaborando-o sempre com os verbos no passado, para que fique claro ao avaliador de que se trata de avaliar uma ação passada, e não para projetar ações desejadas.

Incorporar a cada tópico da avaliação uma escala ímpar (notas 1 a 3 ou 1 a 5, por exemplo). Pode-se utilizar a escala tradicional de 1 a 10, porém sua extensão leva a que o avaliador, já cansado por causa do treinamento, disperse mais que o mínimo aceitável a emissão de sua crítica. Por outro lado, a nota 10 tem um conteúdo um tanto místico, algo parecido com impossibilidades, perfeições inalcançáveis.

Passo 5: Em cada tópico proposto no instrumento, incorporar a solicitação da justificativa das respostas extremas, pelo menos.

Respostas extremas são aquelas situadas nos pontos mais baixo e mais alto da escala de cada tópico. Se há um grande desagrado ou uma opinião revelando 100% de satisfação, é importante para o Gestor de T&D saber os seus porquês.

Passo 6: Deixar espaço em branco para resposta dissertativa, porém sempre nomeado com uma pergunta como, por exemplo:

Cite três pontos altos do treinamento recebido ou Cite três pontos que se mostraram como passíveis de muita melhoria.

Nunca deixar que o treinando se lembre de incluir alguma resposta dissertativa; o instrumento deve conter este tipo de obtenção de informações.

Passo 7: Deixar espaço para identificação do treinando, caso isso seja exigido pela política da sua empresa e para que o treinando opte por identificar-se ou não (é sempre uma escolha pessoal).

Alguns cuidados muito importantes:

» Siga a política da objetividade nos instrumentos de Avaliação de Reação. Muito extensos, "assustam" o treinando, que, com certeza, estará "saturado" de material, papel e informação no final do curso. Uma folha apenas não é má ideia!

» Se tiver mais que um facilitador no treinamento, reservar um campo para avaliação de cada um SEPARADO do outro, para que o treinando não se confunda e acabe por cometer excessos de elogios ou injustiças com um ou outro facilitador. Esta separação, preferencialmente, deve ser feita por molduras com traço forte.

» Não incluir espaço para avaliar sala de reunião, cadeiras, temperatura, iluminação, refeições, intervalos para café. Isto porque há uma forte tendência para que a opinião do treinando a respeito destes tópicos venha a contaminar a avaliação técnica que se espera de um treinamento.

GUIA PARA A CONSTRUÇÃO DE INSTRUMENTOS PARA LEVANTAMENTO E DIAGNÓSTICO DAS NECESSIDADES DE TREINAMENTO E DESENVOLVIMENTO

Este Guia é apresentado em blocos, para facilitar o entendimento de cada fase do processo, as relações entre cada fase e o efeito integrativo.

1º. Passo: Delimitar, com precisão, o público-alvo e em que área funcional organizacional será efetuado o levantamento.

2º. Passo: Decidir qual será a natureza técnica do levantamento:

- pesquisa por formulário, com a consolidação estatística dos resultados;
- ação combinada entre a aplicação do formulário e entrevista individual com o cliente interno;
- ação combinada entre a aplicação do formulário e exploração dos seus resultados em reunião com o grupo de clientes internos.

3º. Passo: Decidir qual será o ponto de partida do processo:

- levantamento geral, por "varredura", de todas as necessidades na área pesquisada;
- levantamento motivado por uma situação-problema previamente detectada ou indicada pelo cliente interno;
- levantamento motivado por futuras demandas de habilidades e competências como, por exemplo, a pesquisa de necessidades de treinamento para a adoção de um novo processo de trabalho.

4º. Passo: Fazer um *brainstorm* para produção de perguntas ou itens de pesquisa, registrando todas as possíveis perguntas sem se preocupar com ordem, sequência, prioridade ou exatidão vernacular ou técnica.

5º. Passo: Selecionar as perguntas essenciais, explorando os resultados do passo anterior e listá-las de maneira que seja satisfeito o princípio didático:

- do próximo para o remoto;
- do simples para o complexo;

- do conhecido para o desconhecido;
- do concreto para o abstrato.

6º. Passo: Passar o acervo de perguntas essenciais pelo julgamento das prioridades, mais o julgamento da clareza, considerando-se que aquele que deverá responder o instrumento não é especialista em pesquisas deste tipo, muito menos um técnico em gestão de RH.

7º. Passo: Produzir as perguntas selecionadas pelo método da resposta com múltipla escolha, sendo que cada uma deverá ter um campo para que o pesquisado justifique a sua resposta. Uma alternativa é elaborar as perguntas, a elas incorporando uma escala de avaliação de 0 a 5 ou 0 a 10, por exemplo, para que seja oferecida para o pesquisado uma gradação de resposta.

8º. Passo: Incorporar a cada pergunta, se for uma pergunta que explora uma situação específica, ou a um conjunto de perguntas:

- quais os indicadores de situação (números e situações que tangibilizem o estado que se pretende mudar com treinamento) que justificam a futura ação de treinamento;
- o quanto da carência ou da situação-problema o cliente interno entenda como mudança desejável (lembre-se de que 100% é utopia e que expressões como "o máximo possível" não têm o menor valor como indicador no contexto empresarial).

9º. Passo: Incorporar, no formulário, um campo para que sejam indicados os nomes dos colaboradores da equipe do cliente interno, para os quais este projeta a ação de treinamento.

10º. Passo: Incorporar um campo para que o cliente interno indique qual é a prioridade para cada evento de treinamento que aponta como necessário para a sua equipe. Você deve eleger e divulgar um critério para priorização, destacando-o no próprio formulário.

Cuidados gerais:

» É sempre importante deixar um espaço aberto no formulário para eventuais informações que não tenham sido previstas no elenco de perguntas ou para que o cliente interno possa dissertar um pouco mais sobre uma ou mais das suas respostas.

» A experiência mostra que duas a três folhas NO MÁXIMO são "suportáveis" hoje em dia, sob a ótica principalmente de Gerentes e Supervisores, no que se refere a formulários. Esta regra também vale para os formulários eletrônicos, ou seja, para aqueles que são disponibilizados via rede interna de computadores ou por disquetes.

» Economia de palavras é outra regra fundamental. Não se alongue nas perguntas, procurando construí-las de forma que sejam curtas e finalistas.

» Um dado muito importante, porém nem sempre possível: documentar os dados, fatos e indicadores apontados em cada pergunta e resposta. Esta documentação pode ser:

- dados estatísticos de situação antes e depois do evento de treinamento;
- listagem de dados e informações sobre os fatos que envolvem a ação de treinamento;
- relatórios da área cliente, nos quais há a menção às contribuições de T&D e do evento em particular; memorandos e outras formas de comunicação formal interna, por meio dos quais é fornecido o cunho formal das contribuições do treinamento.

MENSAGEM FINAL DO AUTOR

No exato momento em que a ação de revisão do Manual foi executada e o comando de "salvar" foi acionado no PC, registrei na agenda de controle as últimas horas de trabalho na produção do Manual.

Foram, exatamente, 223 horas, ou cerca de 27 dias de trabalho, com 8 horas cada um, na primeira versão, de 2000, e agora mais 25 horas de trabalho na semana de 16 a 21 de agosto de 2011.

Foram, portanto, muitas horas de trabalho que exigiram esforço e até o sacrifício do tempo para descanso e lazer para que este Manual pudesse chegar às suas mãos, caro(a) leitor(a) e, de alguma forma, fortalecer a sua competência de gestão de Treinamento e Desenvolvimento.

Há, também, o custo financeiro, não só o de edição gráfica, mas também uma série de custos outros que foram alocados no projeto de execução do Manual, os quais deixo de aqui registrar para não cansá-lo(a)!

Todo esse esforço terá valido a pena se a obra vier a ser útil para você, estimado(a) leitor(a)!

Agradeço a sua confiança e o seu investimento na aquisição do Manual. Desejo para você uma carreira vitoriosa e que experimente todos os matizes de uma Vida repleta de momentos saborosos, em Paz, sob as bênçãos do Criador!

Muito obrigado!

Benedito Milioni

NOTAS SOBRE O AUTOR

BENEDITO MILIONI
CURRICULO SINTÉTICO (atualizado dezembro de 2011)

- Formação acadêmica em Sociologia e Administração de Empresas.
- Cursos de extensão em Administração, Marketing e Vendas.
- 42 anos de carreira, em cargos executivos de Recursos Humanos, Vendas e Marketing, atuando como profissional independente desde 1982.
- Professor Universitário (28 anos), cadeiras de Teoria Geral da Administração, Gestão Estratégica e Recursos Humanos. Atualmente, professor especialista em cursos MBA.
- Autor de 29 obras sobre temas da Administração, coautor em 11 livros de diversas linhas.
- Articulista em jornais e revistas de expressão.
- Dirigiu o treinamento de 21.819 gerentes e supervisores nas competências de gestão de pessoas e equipes.
- Dirigiu o treinamento de 16.508 Diretores, Gerentes, Supervisores e Vendedores nas áreas de Marketing e Vendas.
- Dirigiu o treinamento de 3.104 profissionais em Técnicas de Negociações.
- Formou cerca de 1.800 Instrutores e Multiplicadores Internos e dirigiu formação para cerca de 950 gestores na competência de *On-The-Job-Training*.
- Dirigiu o treinamento para cerca de 34.700 profissionais de Recursos Humanos.

- Conduziu ações de treinamento para mais de 3.150 grupos, totalizando mais de 74.000 participantes.
- Participou de 7 projetos de recolocação profissional, nas fases de assessoria em negócio próprio, envolvendo 1.300 pessoas.
- Participou de 14 projetos de reestruturação administrativa, operacional e comercial, bem como na formatação de unidades de negócios.
- Executou 26 diagnósticos de clima motivacional, 11 de gestão empresarial e 9 de gestão de RH.
- 549 empresas assistidas enquanto profissional de Consultoria.
- 1.849 artigos publicados em jornais e revistas.
- 1.095 conferências e palestras apresentadas em congressos e seminários nacionais e internacionais.
- 3.485 laudas de material didático produzidas.
- 29 Manuais de Políticas e Procedimentos elaborados para as áreas de Marketing e Vendas.
- Diretor Técnico da ABTD-Nacional (Associação Brasileira de Treinamento e Desenvolvimento) tendo sido o Coordenador Científico e Geral do CBTD – Congresso Brasileiro de Treinamento e Desenvolvimento em 2001, 2002, 2003, 2004, 2005 e 2006
- Fundador de três grupos de estudos envolvendo profissionais de RH.
- Júri de prêmios de Excelência na Gestão de Pessoas.
- *Publisher* da Revista GESTÃO DE PESSOAS EM REVISTA.

OBRAS PUBLICADAS

1) Treinamento de Supervisores (1974) Câmara de Gerência e Administração,
2) As Chefias e os Supervisores (1975) Câmara de Gerência e Administração,
3) Dicionário de Termos Gerenciais (1976) Editora do Autor,

4) Dicionário de Recursos Humanos (1979 e 1986), coautor, 3ª edição, Atlas,
5)Treinamento Estratégias Fundamentais (1979) Editora do Autor,
6) Administração do Tempo em Vendas (1989), 2a edição, Nobel,
7) RH Positivo Volume I (1986), Editora do Autor,
8) RH Positivo Volume II (1989) Editora do Autor,
9) Comportamento Gerencial - O Poder em Questão (1990), Nobel
10) Marketing do Treinamento (1989), Nobel,
11) Democracia Empresarial Já! (1992), STS,
12) Como Sobreviver e Crescer nas Empresas (1993), STS,
13) Como Elaborar o seu Plano de Crescimento Pessoal (1994), STS,
14) Manual de Técnicas de Telemarketing (1996), STS,
15) Manual de Capacitação de Equipes de Vendas (1996), STS,
16) Manual de Técnicas de Apresentações de Vendas (1996), STS,
17) Manual de Avaliação dos Resultados do Treinamento (1999), Ômega,
18) A Empresa na UTI – Como salvar o seu Negócio! (2000), Ômega,
19) Manual de Diagnóstico das Necessidades de Treinamento (2.001), Ômega,
20) Dicionário de Termos de Recursos Humanos (2003), 3ª Edição,Ed. Central de Negócios,
21) Gestão de Treinamento Por Resultados (2004), ABTD/ASSERTRH,
22) Indicadores (118) da Gestão de Treinamento e Desenvolvimento (2005), ABTD/ASSERTRH
23) Dicionário de Termos de Recursos Humanos, 4ª. Edição, revista e ampliada (2006), Ed. Fênix/Central de Negócios em RH
24) Carreira Profissional Vencedora (2006), Editora Qualitymark
25) Indicadores (150) da Gestão de Treinamento e Desenvolvimento (2007), ABTD/ASSERTRH,
26) Análise Metodizada de Problemas e Busca de Soluções para Consultores, Gestores, Técnicos e Estudantes (2008), ASSERTRH.
27) ON THE JOB TRAINING (2009) MILIONI & ASSOCIADOS,
28) Técnicas de Entrevistas para Gestores,
29) Manual Prático de Avaliação dos Resultados do Treinamento,

- Coautor em cinco edições diferentes do Manual de Treinamento e Desenvolvimento da ABTD,
- Coautor da coletânea Vida e Trabalho,
- Coautor do livro SER MAIS GESTÃO DE PESSOAS,
- Co-autor do livro SER MAIS COM T&D,
- Coautor do livro SER MAIS COM PALESTRANTES CAMPEÕES,
- Coautor do livro SER MAIS EXCELENCIA NO ATENDIMENTO AO CLIENTE E,
- Co-autor do livro SER MAIS EQUIPES DE ALTA PERFORMANCE.

Em preparação:

- 100 Indicadores das Gestão de RH
- Avaliação e Feedback 360 graus
- Liderança Prática

Contatos do autor:

- (11) 3338-0460 3224-9963 9909-5858
- e-mail: milioni@milioni.com.br www.milioni.com.br

APÊNDICE

RETORNO DOS INVESTIMOS NOS TALENTOS – UMA PROPOSTA PARA REFLEXÃO E ESTÍMULO Á COMPETENCIA DE PROVIMENTO DE SOLUÇÕES PARA ESSE DOMÍNIO ESTRATÉGICO NA EDUCAÇÃO CORPORATIVA

(Adaptado de RETORNO DO INVESTIMENTO EM CAPITAL HUMANO, Jac Fitz-enz, Makron Books)

Uma brevíssima introdução

Por que os gestores eficazes estão sempre interessados no retorno dos seus investimentos? Por que desejam saber quem na empresa obtém retorno dos investimentos? Por que deveriam se importar em medir o retorno dos investimentos em Talentos? Qual é a correlação entre o Talento e o retorno dos investimentos?

Neste texto será apresentado o conceito do retorno sobre o Talento (ROT).

Somado ao conceito e à prática do ROI (*Return on Investment*), o ROT certamente alavancará de forma significativa e sustentada a importância concreta dos investimentos nas competências humanas, das mais simples e elementares àquelas ainda em estado que latente, podem criar uma espécie de Facebook...do nada (lembre-se que esta empresa em alguns passou a valer de alguns trocados a perto de 116 bilhões de dólares, conforme o índice NASDAQ).

Um bom exemplo, para servir de pano de fundo para esta apresentação às fantásticas oportunidades de investimento e retornos no capital humano, é a apuração de tudo que foi investido na trajetória educacional apenas do terceiro grau: quanto custou sua graduação? Faça estimativas, levante documentos antigos, pesquise suas declarações de ajuste anuais do Imposto de Renda Pessoa Física, enfim levante os dados, some tudo e verá o quanto investiu, apenas em termos de dinheiro, em sua formação. Veja o quanto essa formação hoje sustenta sua carreira e os rendimentos que ela lhe oferece, em termos de remuneração direta e indireta.

Desenvolvimento do conceito e da prática do ROT

Durante décadas, as empresas usaram indicadores métricos essenciais, como o ROI (retorno sobre investimento) e ROA (retorno sobre ativos), para determinar valor. Mas, no futuro, mais empresas utilizarão a medida do ROT. As equações corporativas de medição existentes medem apenas o uso do capital humano. Para calculá-lo, simplesmente divide-se um valor referente ao ***conhecimento gerado e aplicado*** **pelo seu** ***investimento no Talento.***

$$\textbf{ROT} = \frac{\textbf{Conhecimento Gerado e Aplicado}}{\textbf{Investimento no Talento}}$$

Antes de falarmos sobre o cálculo do ROT, descreveremos os seus dois principais componentes: (1) conhecimento gerado e aplicado e (2) investimento no Talento.

Conhecimento Gerado e Aplicado: diferenças claras e que devem ser entendidas por todos

O conhecimento pode ser descrito como os ativos "ocultos" de uma empresa. A medição do conhecimento relaciona-se com vários fatores diretamente ligados ao sucesso do negócio – fatores como crescimento em vendas, aumento da lucratividade, aumento de inovação, satisfação do cliente, qualidade no atendimento, desenvolvimento de novos produtos, índice de utilização de recursos, índice de aprendizagem, número de patentes ou marcas registradas e direitos autorais ou novas marcas. Ao monitorar esses fatores, as empresas podem medir os seus ativos do Conhecimento e avaliar o seu desempenho. Ao medir precisamente o Conhecimento, a administração pode gerenciar melhor os Talentos. A devida valorização do Conhecimento ajuda uma empresa a conhecer o ROT, que reflete a lucratividade do investimento no Talento.

Colocar uma etiqueta de preço no Conhecimento gerado ajuda um gerente a quantificar os resultados. Os Talentos geram Conhecimento, que é um dos maiores ativos na economia global. O verdadeiro Conhecimento acarreta criatividade e inovação e agrega valor à empresa. O Conhecimento tornou-se um fator essencial de produção, como matérias-primas, construção e maquinário. As empresas que medem o Conhecimento gerado e aplicado pelos seus Talentos podem tornar mais lucrativos os seus investimentos no Talento. ***Não se pode melhorar o que não se mede.***

Quando existem profissionais talentosos, o Conhecimento gerado é apenas um componente. A contribuição mais importante que eles podem dar é na área do Conhecimento aplicado. Se o Conhecimento não for aplicado, a empresa perderá a maior parte do valor de mercado desse Conhecimento. *Assim, qualquer Conhecimento que um Talento gere e aplique, durante o ano, dividido pelo investimento feito nessa pessoa, resulta no valor de ROT porque o retorno para a empresa é zero.*

O Conhecimento gerado aumenta com a sua efetiva aplicação. O Conhecimento torna-se um ativo quando capturado e efetivamente utilizado. A menos que o conhecimento seja efetivamente utilizado ou aplicado, não irá gerar qualquer rendimento ou ROI. Por exemplo, teorias de físicas não têm nenhum valor se não puderem ser aplicadas em benefícios da sociedade. Da mesma maneira, dentro das empresas, gerar Conhecimento não agrega muito valor se não for usado na efetiva formulação da estratégia. Os ativos do Conhecimento, como dinheiro ou equipamento, apenas são válidos de se cultivar no contexto estratégico. Não se pode definir ou gerenciar os ativos intelectuais, a não ser que se saiba o que fizer com eles.

Investimento no Talento: um excelente negócio, melhor que petróleo!

Sem investimento no Talento, uma empresa torna-se estagnada. As empresas investem em tecnologia, máquina e pessoas, mas, no século XXI, o mais valioso é aquele que se aplica em profissionais talentosos. A gerência deve investir nas pessoas certas, cujas capacitações atendam às necessidades da empresa.

Hoje, encontrar as pessoas certas não é só mais difícil como também mais oneroso. Toda empresa necessita de Talentos em cargos críticos para operar com sucesso. Se uma empresa fizer os investimentos certos nas pessoas certas, crescerá com vigor. As empresas não podem manter os seus maiores Talentos sem investir muito neles. Os grandes Talentos querem grandes recompensas: não apenas financeiras, mas também em termos de reconhecimento dos colegas.

Os gestores de Talentos devem recompensar as coisas certas. Após definir o poder do Conhecimento gerado, pode-se recompensar o talento devidamente. Alguns gerentes sentem inveja dos Talentos com quem trabalham e, assim, despejam recompensas naqueles que resolvem problemas imediatos (apagadores de incêndio).

Os gestores precisam de uma ferramenta confiável para medir o retorno sobre o Talento e, assim, recompensar as pessoas certas. Imagine que, por um período de três anos, um Talento poupe 1 milhão de reias para a empresa, e o investimento nele seja mínimo. Cerca de 20 pessoas trabalham com ele, e essas 20 pessoas representam o seu grupo de Talentos ou função de inovação. Posteriormente, quando estiverem fazendo algo que poupe 10 milhões de reais, necessitarão ser mais reconhecidos e recompensados. Mas, provavelmente, não o serão, a menos que na empresa exista um processo que meça o valor de ROT – retorno sobre o talento – desse grupo de Talentos.

Diminuir o investimento nos Talentos é geralmente um erro. Melhor dizendo, é um erro fatal!

Esse tipo de redução acarreta perdas. Para diminuir o investimento no Talento, os gestes seniores devem avaliar os seus gastos com Talentos de modo regular e consistente e aprender sobre as diferentes áreas, a fim de tomar decisões estratégicas sábias sobre o seu investimento em Talentos.

Para evitar a criação de um pesadelo contábil, não calcule o ROT de cada pessoa, apenas dos principais Talentos. Talvez, somente de mil a 2 mil pessoas dentre 20 mil, de maneira consistente com a análise XYZ, por meio da qual X pessoas compõem de 5% a 10% da população, mas contribuem de 60% a 70% do valor. Esses são os maiores Talentos. Geralmente, os gerentes de nível médio não são necessariamente talentosos, mas vários profissionais talentosos se reportam a eles. Contudo, se você estiver tentando medir o retorno sobre o Talento, essa gerência de nível médio não se importará. É essencial explicar-lhes: "Vamos investir mais em nosso pessoal de talento".

O investimento nos Talentos é essencial, mas eles têm de mostrar resultados. Não se pode investir mais apenas porque os Talentos pedem mais. Que nível de energia estão demonstrando? Que resultados estão obtendo? Se você souber que certas pessoas representam o futuro da empresa, invista mais nelas. Alguns Talentos podem reclamar, mas é preciso analisar o seu desempenho com objetividade. Se apresentarem um negócio atraente, que demonstre que a empresa ganhará mais com maior aplicação de capital, invista mais neles. Se não investir, a equipe de Talentos poderá fechar a empresa toda. Os números do ROT ajudam a empregar a quantia certa, no Talento certo, na hora certa.

Redução de custos mandando gente embora: a grande tragédia brasileira dos anos 1990

A em nada saudosa Reegenharia devastou as empresas brasileiras por causa do *frissom* que causou, convencendo a todos que reduzir os quadros de empresas e terceirizar tudo o que fosse possível seria um ótimo negócio. Foi um bom negócio apenas para as consultorias especializadas em reduzir custos e, junto com o que as empresas jogaram fora, rotuladas como "gorduras", estava o que de melhor dispunham: pessoas e o Conhecimento arquivados em suas memórias de décadas de aprendizado e experimentação prática.

A Medição do ROT – Retorno sobre o Talento

Pode-se gerar valores mais altos de ROT aumentando-se o numerador (conhecimento gerado e aplicado) ou diminuindo-se o denominador (investimento no Talento). O retorno sobre o Talento é uma função do Conhecimento e da Comunicação. Um Talento gera mais conhecimento quando todas as ideias e informações conseguem fluir facilmente e em múltiplas direções.

PRESTE MUITA ATENÇÃO:
o ROT mede o retorno do investimento em pessoal e não em máquinas, processos ou matérias-primas!

Ele demonstra se os gestes estão contratando as pessoas certas e com que eficácia valem-se delas para atingir o sucesso nos negócios. O ROT pode ser uma medida quantitativa ou qualitativa, baseada no ponto de vista gerencial. Os gestores obtêm o máximo retorno de cada hora do dia do seu investimento? Se contam com resultados quantitativos, devem afixar uma etiqueta de preço no Conhecimento gerado e nos resultados obtidos.

As empresas que melhoram o ROT com regularidade crescem em um ritmo mais acelerado. A sua Direção pode monitorar o desempenho dos indivíduos bem como o das equipes. Se os ativos do Conhecimento aumentarem, todos os outros fatores correlatos, como produção e vendas, aumentarão também. Desse modo, as empresas devem tentar a melhoria contínua do ROT para sustentar o crescimento.

Um alto ROT leva a equipes de trabalho criativas, inovações, processos fluidos, melhorias contínuas de produto e comunicações melhoradas. Também ajuda a gestão a ser mais flexível, a aproveitar as oportunidades e a acompanhar o clima de mudanças. Pessoas talentosas influenciam quem as rodeiam, e o seu conhecimento é compartilhado no decorrer do tempo. Se os gestores esperam que elas atinjam o máximo de desempenho, e o máximo de retorno, não deve colocá-las em funções rotineiras.

Os Talentos criam ideias e Conhecimento que podem levar a resultados tangíveis, capazes de serem prontamente mensurados e traduzidos em valores monetários. Também criam ideias e Conhecimento que são intangíveis, mas são considerados de enorme valor.

O que é Conhecimento intangível, e como medi-lo?

Chamamos o que não conseguimos medir em termos monetários de "intangível". No espírito da definição do ROT, o ***Conhecimento ainda não aplicado é intangível.*** Somente o Conhecimento aplicado é tangível e mensurável, como implica a frase: ***Conhecimento gerado e aplicado.*** O primeiro desafio é calcular ROTs para o Conhecimento tangível, aplicado. O segundo desafio, que é evidentemente mais difícil, é calcular os ROTs para o Conhecimento intangível gerado. Entretanto, alguma maneira de medição do Conhecimento intangível deve ser elaborada, de modo que permita que uma empresa compreenda e determine devidamente o valor do Talento.

Os cálculos básicos do retorno sobre o Talento recaem sobre um Talento ou uma equipe por vez. Para atribuir devidamente as mudanças financeiras às pessoas certas, é importante definir todas as atividades em termos de projetos com um escopo definido de começo, meio e fim.

Os projetos são uma coisa muito importante. Primeiro, constituem o meio de realização. Listas de itens de ação nunca fizeram ninguém agir. Os projetos, sim. Os projetos exigem o estabelecimento de metas e objetivos, planos para atingi-los, marcos. Dinheiro e pessoal necessitam ser alocados aos projetos. Quando isso é obtido, a empresa possui uma chance de que alguma ação seja realmente tomada. Sem projetos, pode não haver ROT.

Três Exemplos de Cálculos de ROT – Retorno sobre o Talento

Vejamos três exemplos práticos de como calcular os numeradores de ROT.

Exemplo 1: Conhecimento Tangível é Gerado e Aplicado

O investimento em Talentos é o total de todos os custos diretamente relacionados aos salários mais encargos do Talento e de outros membros da equipe. Nos seis primeiros meses, um Talento gastou dinheiro no projeto da ideia, usando o fundo de semeadura de ideias, para comprar equipamento e materiais de laboratório.

Ele também dedicou tempo ao programa de desenvolvimento de um produto. Documentou o progresso todos os dias em um livro. A documentação foi suficiente para os advogados redigirem a patente, com um mínimo de ajuda extra.

Investimento em Talento = R$ 150.000 x Tempo Gasto no Projeto

$$= \text{R\$ } 150.000 \times \frac{6 \text{ Meses}}{12 \text{ Meses}} = \text{R\$ } 75.000$$

As despesas do projeto incluíram:

- Fundo de Semeadura de Ideias = R$ 10.000
- Fundo de Cultivo de Ideias = R$ 50.000
- Aplicação de Patentes = R$ 25.000
- Despesas de Projeto = R$ 85.000

O Conhecimento gerado e aplicado possui dois elementos distintos: (1) Conhecimento gerado e (2) Conhecimento aplicado. Uma estimativa do valor intangível do Conhecimento gerado, da tecnologia e da patente pode ser calculada para fins contábeis, como pode ser o caso ao se pedir um empréstimo.

Entretanto, o seu real valor não é conhecido até o Conhecimento ser aplicado. Neste exemplo, a aplicação era para vender os direitos de patente a outra empresa. O valor tangível atribuído ao Conhecimento gerado e aplicado é o preço de vendas.

Exemplo 2: Conhecimento Gerado e Aplicado, Tangível e Intangível

Uma funcionária relativamente nova, Janete, que ainda não aprendera a manter a cabeça baixa e a não provocar agitação, estava frustrada com o tempo que gastava trabalhando com o departamento financeiro, para reconciliar diferenças entre os cartões de ponto (não os relógios) e os custos do projeto. Ambos possuíam várias assinaturas, verificando a exatidão dos lançamentos. O grupo de recursos humanos acompanhava-os para prevenir violações de hora extra que haviam causado problemas antes.

Janete decidiu falar com alguns dos gerentes e supervisores que assinaram as solicitações, e imediatamente descobriu que ninguém queria discutir o assunto. Ela insistiu até encontrar duas pessoas dispostas a conversar. Ambas explicaram-lhe que não prestavam muita atenção a essas coisas. Outros já tinham revisado e assinalado a exatidão dos dados. Além do mais, tomavam muito tempo. Havia uma planilha de tempo de projeto e um cartão de tempo para cada um dos 500 funcionários no departamento. E eles eram submetidos toda semana. Os gestores da área de Recursos Humanos estavam envolvidos num esforço para evitar uma repetição de violações de hora extra que haviam causado problemas no ano anterior.

As duas pessoas com quem Janete conversara eram gestores de áreas. Um lhe disse que alterava os lançamentos dos seus subordinados para equilibrar os tempos relatados nas planilhas com o planejamento dos projetos. O outro acabara de ser transferido do departamento de qualidade. Ele contou a Janete uma história correlata referente aos erros no cartão de tempo. Sugeriu que os cartões de ponto deveriam ter uma assinatura, no máximo duas – uma do executante do trabalho e a outra, caso a gerência insistisse, do seu supervisor direto. Sua analogia era o velho conceito de que "se mais de um for responsável, ninguém o será efetivamente". Ele argumentava que, se mais de uma pessoa assinasse o cartão, todos pressuporiam que tudo estaria bem e o assinaria sem ao menos examiná-lo. Em outras palavras, se mais de uma pessoa fosse responsável, ninguém assumiria a responsabilidade.

Janete espantou-se com o desperdício e entusiasmou-se com a oportunidade. Mas seu chefe não gostou nem um pouco das iniciativas não solicitadas nem aprovadas. Ele a advertiu que estava se intrometendo demais e, se persistisse, prejudicaria a carreira. Ela e o parceiro em finanças reduziram a visibilidade da busca, mas persistiram.

Os dois observaram que faziam o mesmo tipo de reconciliação que outros signatários. Decidiram determinar quanto tempo lhes custava fazer a reconciliação e presumir que todos os outros na cadeia gastavam o mesmo tempo, criando erros ao alterar os tempos, de modo que combinasse, com as alocações planejadas. Determinaram que cada um gastava quatro horas por semana fazendo o que acreditava ser um trabalho sem valor agregado. Pior do que isso, não era sequer honesto. Os gerentes mudavam os tempos lançados para projetos que tinham tempo disponível, não, necessariamente, nos quais as pessoas haviam realmente trabalhado. O funcionário não precisava lançar nada porque era, de qualquer modo, ignorado. Supunham, por falta de dados, que cada uma das seis pessoas que assinava os cartões de ponto e as planilhas de relatório de projeto gastava cerca de quatro horas para um total de 24 horas por semana. E isso para apenas um dos vinte departamentos. Se todos os departamentos exigiam tempos similares, o total seria de 480 horas por semana – o equivalente a 12 profissionais que poderiam estar realizando tarefas de valor agregado.

Isso era grande demais para passar despercebido. Janete e o parceiro prepararam um documento explicando as suas descobertas. Até propuseram uma solução em três partes: (1) eliminar os cartões de ponto para funcionários e deixar os gerentes responsáveis pela prevenção de violações de hora extra; (2) utilizar planilha de relatório de projeto tanto para o tempo de trabalho quanto para a alocação de hora entre projetos; (3) ter apenas a assinatura do executor do trabalho e do seu chefe na planilha. Eles trabalhariam juntos na alocação da hora registrada.

Relutante, o chefe de Janete concordou em levar a proposta ao superior dele. O chefe de finanças resistiu. Achou que a proposta não resultaria em nada, exceto enlouquecer as pessoas.

Janete e o seu chefe uniram-se para encaminhar a proposta aos níveis gerenciais de RH. Eventualmente, a proposta foi aceita e implementada. As economias foram projetadas em 7,5 anos de trabalho, a um salário mais encargos de 40 mil reais e economias anuais de 300 mil reais.

Janete e o parceiro receberam um bônus de 30 mil reais cada. O dinheiro foi a parte tangível da ideia, que por muito tempo pareceu prestes a morrer sem ser ouvida e permanecer uma ideia intangível. Um benefício adicional inesperado logo surgiu. Mais pessoas em níveis gerenciais ainda mais altos começaram a sugerir ideias de melhoria, algumas das quais ajudaram a melhorar a performance da empresa.

Quanta melhoria as ideias acarretaram ao desempenho e quanta melhoria foi devida a outros fatores, tais como a economia forte? Ninguém sabia.

A ideia original de Janete ocasionou várias consequências. Ela sentiu-se, ao menos, parcialmente responsável pela empolgação. Mas ninguém mais parecia lembrar-se do que ela fez e que desencadeou tanta atividade. Suas contribuições intangíveis passaram despercebidas. Na verdade, seu reconhecimento original foi esquecido até o vice-presidente de RH oferecer-lhe uma ideia pronta: tratar os candidatos como clientes a serem mimados em vez de funcionários em potencial a serem interrogados.

Janete e o parceiro estimaram ter gasto um total de três meses de tempo de trabalho – 45 dias de cada um. A média do salário de cada um era de 60 mil reais anuais. Assim, para esse período, o investimento em ambos os talentos foi [R$ 60.000 x 21 / 12] x 3 = R$ 30.000.

$$\text{Valor de ROT da equipe} = \frac{\text{Valor do Projeto – Custos do Projeto}}{\text{Investimento no Talento}}$$

$$= \frac{\text{R\$ 300.000 – R\$ 0}}{\text{R\$ 30.000}} = 0$$

Valor do Conhecimento Aplicado = R$ 300.000 para duas pessoas ou R$ 150.000 cada.

Nesse cenário, o valor do ROT baseia-se em uma equipe, não nos indivíduos. Às vezes, esse valor não precisa ser calculado para o Talento individual, caso vários Talentos estejam envolvidos.

Exemplo 3: Conhecimento Intangível, Gerado e Aplicado

Calcular o Conhecimento intangível é um grande desafio. Mas nós o enfrentamos diariamente. Pense como é fácil para um professor de matemática avaliar um estudante em comparação com um professor de leitura. Um professor de matemática avalia o problema do aluno com base no certo e no errado. Mas o de literatura avalia com base nos sentimentos e no estilo de uma redação; e isso não significa necessariamente que a redação esteja certa ou errada. Esse fato nos leva a pensar sobre o valor do conhecimento intangível gerado, o qual a maioria dos gerentes ignora.

O Sr. Ideia de RH fez uma sugestão ao Sr. Diretor, um chefe que recebia má avaliação por um desempenho e um estilo gerencial insatisfatório. Ele era um gerente voltado a resultados, com estilo autoritário e controlador. Passara duas vezes pelo treinamento de estilo gerencial corporativo. Ainda assim, simplesmente não conseguia comportar-se como as pessoas gostariam. Era incapaz de sacudir a experiência militar de 20 anos. Todos o adoravam em ambientes sociais, mas no trabalho, onde detinha uma pesada autoridade, era realmente autoritário. O Sr. Ideia de RH sugeriu que o chefe como um fornecedor "o Talento como um cliente e o chefe como um fornecedor" de bens e serviços, que atendam às necessidades e aos desejos de todos os seus funcionários. Ele prosseguiu sugerindo que o chefe tomasse aulas de atendimento ao cliente, para aprender algumas técnicas específicas disponíveis para manter os clientes satisfeitos.

Essa sugestão simples surtiu efeitos imediatos sobre o Sr. Diretor. Ele era capaz de seguir uma receita sobre como comportar--se. Fizera isso durante vinte anos no serviço militar. Foi hesitante no princípio, mas um pouco de reforço positivo da parte dos seus subordinados e colegas deu-lhe uma confiança cada vez maior. Ele logo descobriu que ouvir por compreensão fazia uma grande diferença e era divertido. Aprendeu muito sobre o que acontecia na empresa. Após alguns anos, os funcionários votaram nele como "o melhor gerente do ano" – não o que mais melhorou, mas o melhor. Ele brilhou pelo resto da sua vida profissional.

Quanto valia esse Conhecimento intangível transmitido ao Sr. Diretor? Quem sabe? Provavelmente, milhões de reais! Mas é tão intangível. O Sr. Ideia de RH não foi votado "o melhor" em nada. Não esperava nem recebeu nenhum reconhecimento.

Para transformar as ideias intangíveis em Conhecimento tangível gerado e aplicado, é preciso uma forma de medir os ativos de Conhecimento intangível.

Conheça um processo de sete etapas:

1. ***determinar o que é o conhecimento ou a ideia gerada;***
2. ***identificar a fonte ou o originador da ideia;***
3. ***seguir o caminho da ideia, a partir da fonte até todas as aplicações reais;***

4. ***identificar ao menos uma aplicação;***
5. ***identificar uma ou mais pessoas implementando a aplicação;***
6. ***determinar como medir os benefícios financeiros da ideia;***
7. ***determinar o valor financeiro.***

Não se preocupe com os detalhes da fórmula. Algumas ideias levam apenas algumas horas para serem geradas e comunicadas, tais como a do Sr. Ideia de RH sobre considerar os funcionários como clientes. A transformação nos comportamentos foi obviamente uma aplicação, mesmo permanecendo intangível.

Os benefícios ao desempenho financeiro da empresa necessitam ser medidos, se não por um indicador financeiro, por algum outro, tal como a satisfação do funcionário ou a redução na rotatividade. Examine os indicadores que a empresa utiliza para avaliar a performance anual, tais como as receitas internas ou externas, a satisfação do cliente interno ou externo, produtividade, patentes geradas, engenhocas inventadas, serviços fornecidos ou qualquer outro.

Determine o retorno em qualquer indicador disponível. Os financeiros são preferíveis, mas medidas alternativas são melhores do que nada.

Resumo dos Três Exemplos

Conhecimento gerado e aplicado, tangível: Tanto o índice de ROT quanto o valor líquido do Conhecimento aplicado são importantes. Os altos índices de ROT não refletem, por si só, valor à empresa ou o valor do Talento. Um baixo ROT com um valor muito grande de Conhecimento aplicado é mais significativo do que um alto ROT com um pequeno valor de Conhecimento aplicado. A magnitude do valor do Conhecimento aplicado é 1,415 milhão de reais, e o índice de ROT é 18,86 para o exemplo 1. Ambos são grandes, deixando claro que o valor para a empresa é grande.

Conhecimento gerado e aplicado, tangível e intangível: em contraste com o Exemplo 1, o conhecimento aplicado e o ROT são modestos de 150 mil reais e 10 reais, respectivamente. É claro que o primeiro exemplo propicia um valor significativamente maior para a empresa. O valor do Conhecimento aplicado e o ROT são indicadores importantes para avaliar a contribuição.

Conhecimento gerado e aplicado, intangível: o valor intangível da mudança no comportamento do Sr. Diretor teve o valor avaliado pelo presidente em milhões, quer se possa efetivamente calcular os benefícios, quer não. Não é necessário quantificá-lo. A iniciativa do Sr. Ideia de RH fez uma grande diferença. Necessitamos de mais delas. Pensando melhor, poderia ser um exercício interessante tentar transformar um valor muito intangível em um valor tangível quantificável por meio da aplicação do processo de sete etapas.

BIBLIOGRAFIA CONSULTADA

DESENVOLVIMENTO DE RECURSOS HUMANOS: INVESTIMENTO COM RETORNO?
Gustavo Gruneberg Boog
Editora McGraw-Hill do Brasil

TREINAMENTO POR OBJETIVOS - UMA ABORDAGEM ECONÔMICA DO TREINAMENTO ADMINISTRATIVO
George S. Odiorne
Editora Interciência

AVALIAÇÃO E CONTROLE DO TREINAMENTO
A. C. Hamblin
Editora McGraw-Hill do Brasil

DESENVOLVIMENTO DE RH E MUDANÇA ORGANIZACIONAL
Ruy de A. Mattos
LTC - Livros Técnicos e Científicos Editora

FORMAÇÃO E TREINAMENTO DE EXECUTIVOS NA EMPRESA
Terry Farnsworth
McGraw-Hill

O APRENDIZADO E O TREINAMENTO NA INDÚSTRIA
Bernard M. Bass e James A. Vaughan
Editora Atlas

GERÊNCIA DE TREINAMENTO
Iswar Dayal
Livros Técnicos e Científicos Editora

ORIENTAÇÃO E DESENVOLVIMENTO DO POTENCIAL HUMANO
Oswaldo de Barros Santos
Biblioteca Pioneira de Administração e Negócios

AVALIAÇÃO DOS RESULTADOS DO TREINAMENTO COMPORTAMENTAL
Wilson Luchetti e outros
Qualitymark Editora

ROI DE TREINAMENTO
Cristina Palmeira
Qualitymark Editora

GESTÃO DE TREINAMENTO POR RESULTADOS
Benedito Milioni
ASSERTRH/ABTD

RETORNO DO INVESTIMENTO EM CAPITAL HUMANO – MEDINDO O VALOR ECONÔMICO DO DESEMPENHO DOS FUNCIONÁRIOS
Jac Fitz-enz
Makron Books

150 INDICADORES DA GESTÃO DE TREINAMENTO E DESENVOLVIMENTO
Benedito Milioni
ASSERTRH/ABTD

INDO ALÉM DO ROI EM TREINAMENTO
Alfredo Pires de Castro
MOTVIRTUAL/ABTD

Dados Técnicos:	
• Formato:	14 x 21 cm
• Mancha:	11 x 18 cm
• Fonte:	CG Omega
• Corpo:	11
• Entrelinha:	13
• Total de Páginas:	184
• Lançamento:	2012